실제로는 이런

드라마
일본어

일본 인기드라마
80여편 엄선!

박은영 | 지음

동양문고 1

드라마 일본어

초판 1쇄 | 2006년 7월 5일

초판 7쇄 | 2010년 5월 10일

지은이 | 박은영

발행인 | 김태웅

편집 | 김연한

디자인 | 안성민, 차경숙

일러스트 | 김옥

마케팅 | 권혁주, 나재승, 정상석, 서재욱, 장영임,
　　　　박종원, 정윤성, 김지원

제작 | 현대순

발행처 | 동양문고 · 상상공방

등록 | 제 10-806호.(1993년 4월 3일)

주소 | 서울시 마포구 서교동 463-16호 (121-841)

전화 | (02)337-1737

팩스 | (02)334-6624

웹사이트 | http://www.dongyangbooks.com

ISBN 89-8300-487-8 03730

"일본 드라마를 보고 싶은데 어떻게 하죠?"

드라마, 애니메이션, 영화, 게임……

이것들은 많은 사람들에게 일본어를 공부하게 만든 소재들이다. 그리고 또한 많은 일본어 학습자들은 어느 정도 실력이 쌓이면 이런 것을 읽거나 보고 싶어한다. 그런데 많은 학습자들은 이런 것들을 읽거나 보는 데에 어려움이 많다고 호소한다. 왜일까?

흔히 일본어 입문 과정이나 초급 과정에서는 매우 기본에 충실한 언어를 가르친다. 그러다 보니, 실생활 일본어와는 다소 거리가 있는 언어를 배울 수밖에 없다. 그렇다고 입문, 초급 과정에서 배우는 일본어가 실제로 쓰이지 않는 일본어라는 뜻은 아니므로 오해가 없기를 바란다.

일본어를 공부하다 보면 일본에 직접 가서 실제로 사용해 보기를 원한다. 하지만 그것이 그리 쉬운 일은 아니다. 그래서 선택하는 방법이 바로 일본의 방송을 듣고 봄으로써 간접 경험을 하는 것이다.

필자의 수업을 들으러 오는 대부분의 학습자들이 드라마를 보면 도저히 알아들을 수가 없다는 호소를 많이들 한다. 왜일까? 그것은 실생활에 쓰이는 일본어에는 지금까지 익혀왔던 것과는 사뭇 다른 표현이나 발음, 표기법이 많이 사용되기 때문이다. 그리고 그런 차이점들을 극복해야 진정한 일본어 실력을 갖추게 된다. 그렇다면 그 차이점들을 어디에서 익혀야 할까? 그 해답이 바로 이 책에 있다.

우리말에서도 교과서에 적혀 있는 말과 실제 사용하는 말 또는 만화 등에 쓰이는 말의 표기법에 차이가 있는 것처럼 일본어에도 그와 비슷한 차이점이 있다. 그리고 그런 차이점을 알아야 비로소 일본어의 진정한 실력자가 된다. 따라서 이 책은 일본어 입문이나 초급 과정에서 익힌 말들이 실생활 회화, 즉 드라마나 영화, 만화, 애니메이션 등에 등장하는 회화에 어떻게 변형되어 쓰였는지를 하나하나 꼼꼼하게 지적하면서 익숙해질 수 있도록 도와줄 것이다.

그 동안 필자의 수업을 들은 학생들 대부분은 일본 드라마를 즐긴다. 그렇다고 그들의 실력이 다른 사람들보다 월등히 뛰어나다고 생각하지는 않는다. 그것은 바로 실생활 일본어가 갖는 특징을 이해하고 활용할 줄 아는 힘을 기르려고 노력했고, 그 노력이 결실을 맺었기 때문이다.

필자가 그 동안 쌓아온 노하우가 집약된 이 책을 통해 여러분도 현재의 실력을 이용해 두 배 세 배의 실력이 갖춰지는 신기한 경험을 해 볼 수 있기 바란다.

저자 **박은영**

Contents

목차

Contents

Preview

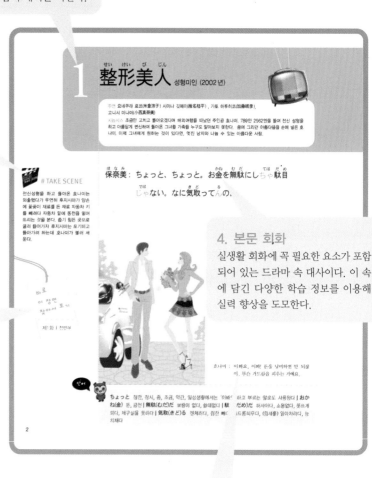

이 책의 구성과 특징

CD와 일러스트

본 CD에는 드라마의 감정이 충분히 전달될 수 있도록 정성을 들여 녹음한 내용이 수록되어 있다. 한편 드라마의 맛을 한껏 살린 일러스트는 본문 회화의 상황 이해에 많은 도움을 주는 것은 물론 학습자의 시선을 즐겁게 함으로써 지루하지 않게 학습할 수 있도록 했다.

드라마에서 뽑은

실제로는 이렇게 말한다!

ては → ちゃ

일상회화에서는 ては를 ちゃ로 줄여서 발음한다. 이처럼 줄여서 발음하는 것은 우리말에서 '그런 데'를 '근데'로 줄여서 하는 것처럼 발음수를 절약하기 위함이다.

- 人のものを勝手に食べちゃいけませんよ。 남의 것을 맘대로 먹어서는 안 됩니다.
- なにも見ていませんよ。 아무것도 보지 않았습니다.
- 冗談言っちゃ、困りますよ。 농담하시면 곤란합니다.
- あなたにしちゃ、すごいと思います。 당신으로서는 대단하다고 생각합니다.

では → じゃ

ては와 마찬가지로 では도 じゃ로 줄여서 발음한다. 박음에 주의하자.

- これ、全部数んじゃ駄目ですかね。 이거, 전부 마시면 안 될까요?
- それじゃ、お先に失礼します。 그럼, 먼저 실례하겠습니다.
- 学校じゃこんなこと、教えないからな。 학교에서는 이런 거 안 가르쳐주거든.

~~~~~~~~~~~~

드라마 **실용 어휘&표현**

気取る

1. 젠체하다. 점잔 빼다. 거드름피우다.
   - 気取った言い方をする 젠체하는 말씨를 쓰다
   - 気取って歩く 거드름피우며 걷다.
2. (낌새를) 알아차리다. 눈치채다.
   - 気取られた様子はない。 눈치챈 것 같지는 않다.

6. 실제로는 이렇게 말한다!

본서의 핵심 부분이다. 사실 드라마를 못 알아듣는 것은 드라마에 나오는 모든 일본어를 못 알아듣기 때문이 아니라, 어떤 특정 표현을 못 알아듣는 것이기 때문이다. 따라서 이런 요소들을 공략해 나가면 실생활 일본어를 익히는 데에 최적의 학습법이 된다.

7. 드라마 실용 어휘 & 표현

어휘나 표현에는 우리가 교과서를 통해 배운 것과 다른 것들이 쓰이는 예가 많다. 예를 들면, '정말로?'라고 할 때, 대부분의 일본어 학습자는 ほんとうに를 떠올리겠지만, 실제로는 まじで라고 하는 경우가 많다. 이런 기본적인 예를 포함해 교과서에서 가르쳐 주지 않는 살아있는 표현을 학습한다.

8. 알아두면 힘!

본문에서 미처 다루지 못했지만, 실생활 회화에 꼭 필요한 요소를 보충학습하도록 만든 공간이다.

알아두면 힘!!!

장음 암기법①

외래어는 가타카나로 표기되는데, 가장 헷갈리는 부분中 바로 장음(長音)의 원자리다. 다음은 영어 철자를 통해 파악할 수 있는 가장 간단한 장음(長音)의 원자리다.

[ee]

ビーフ [beef]	チーズ [cheese]	スピーチ [speech]
キーパー [keeper]	ビール [beer]	ヒール [heel]
ピール [peel]	コーヒー [coffee]	スイート [sweet]
スイーパー [sweeper]	シースルー [see through]	シーソー [seesaw]
ツリー [tree]	シーツ [sheet]	シート [sheet]
シーフード [seafood]	スピード [speed]	ヤンキー [yankee]

1 整形美人
せい けい び じん

성형미인 (2002년)

주연 요네쿠라 료코(米倉涼子) 시이나 깁페이(椎名桔平) 가토 하루히코(加藤晴彦)
고니시 마나미(小西真奈美)

시놉시스 어릴 적부터 못생겼다고 왕따를 당하던 주인공 호나미. 고심 끝에 찾은 해결책은 성형수술. 거액을 들여 전신 성형을 해 꿈에 그리던 아름다움을 손에 넣은 호나미. 이제 그녀에게 원하는 것이 있다면, 멋진 남자와 나눌 수 있는 아름다운 사랑. 어느 날 드디어 후지시마라는 남자를 만나지만, 그가 명문가의 후계자임을 모르고 경박한 행동을 하고 마는데……. 그녀의 소원은 이루어질 것인가?

TAKE SCENE

전신성형을 하고 돌아온 호나미는 외출했다가 우연히 후지시마가 양손에 꽃꽂이 재료를 든 채로 자동차 키를 빼려다 자동차 밑에 동전을 떨어뜨리는 것을 본다. 줍기 힘든 곳으로 굴러 들어가자 후지시마는 포기하고 돌아가려 하는데 호나미가 불러 세운다.

바로
이 장면
찾아서 보기

제1화 | 전반부

保奈美 : ちょっと、ちょっと。お金を無駄にしちゃ駄目
ほなみ   かね むだ   て だ め

じゃない。なに気取ってんのよ。
では   き ど   る

호나미 : 이봐요, 이봐! 돈을 낭비하면 안 되잖아. 무슨 거드름을 피우는 거예요.

단어 🦉

ちょっと 잠깐, 잠시, 좀, 조금, 약간, 일상생활에서는 '이봐요!' 하고 부르는 말로도 사용된다 | おかね(金) 돈, 금전 | 無駄(むだ)だ 보람이 없다, 쓸데없다 | 駄目(だめ)だ 허사이다, 소용없다, 못쓰게 되다, 세구실을 못하나 | 気取(きど)る 젠체하다, 점잔 빼다, 거드름피우다, (낌새를) 알아차리다, 눈치채다

실제로는 이렇게 말한다!

ては → ちゃ

일상회화에서는 ては를 ちゃ로 줄여서 발음한다. 이처럼 줄여서 발음하는 것은 우리말에서 '그런데'를 '근데'로 줄여서 하는 것처럼 말수를 절약하기 위함이다.

- 人のものを勝手に食べちゃいけませんよ。 남의 것을 맘대로 먹어서는 안 됩니다.
- なにも見ちゃいませんよ。 아무것도 보지 않았습니다.
- 冗談言っちゃ、困りますよ。 농담하시면 곤란합니다.
- あなたにしちゃ、すごいと思います。 당신으로서는 대단하다고 생각합니다.

では → じゃ

ては와 마찬가지로 では도 じゃ로 줄여서 발음한다. 탁점에 주의하자.

- これ、全部飲んじゃ駄目ですかね。 이거, 전부 마시면 안 될까요?
- それじゃ、お先に失礼します。 그럼, 먼저 실례하겠습니다.
- 学校じゃこんなこと、教えないからさ。 학교에서는 이런 거 안 가르쳐주거든.

드라마 실용 어휘&표현

気取る

1. 젠체하다. 점잔 빼다. 거드름피우다.
   - 気取った言い方をする 젠체하는 말씨를 쓰다
   - 気取って歩く 거드름피우며 걷다.

2. (낌새를) 알아차리다. 눈치채다.
   - 気取られた様子はない。 눈치채인 것 같지는 않다.

古畑任三朗
ふる はた にん ざぶろう
후루하타 닌자부로 (1996년)

주연 다무라 마사카즈 (田村正一) 니시무라 마사히코(西村雅彦)
시놉시스 끈질긴 질문과 뻔뻔스러울 정도의 행동, 침착하고 냉철한 관찰력으로 사건을 해결하는 후루하타 형사와 실수연발로 후루하타에게 혼나기만 하는 낙천적인 파트너 이마이즈미 형사가 매회 사건들을 해결해 나가는 드라마.

TAKE SCENE

여자고등학교 기숙사에서 발생한 살인사건을 해결하기 위해 온 후루하타. 기숙사를 관리하는 우사미 선생님에게 사건에 관한 단서를 잡기 위해 질문 중이다.

바로
이 장면
찾아서 보기

제2기 2화
| 전반부

古 畑 : あ、そうだ。先生ならお分かりになるかもしれない。

これ、何のボタンか、心当たりございませんか?

宇佐美 : これは?

古 畑 : 亡くなった阿部先生が握ってらっしゃったんですけ

ども。

후루하타 : 아, 그렇지. 선생님이라면 아실지도 모르겠네요. 이거, 무슨 단추인지 짐작가는 거 없으세요?
우 사 미 : 이것은?
후루하타 : 돌아가신 아베선생님이 쥐고 계셨습니다만.

単어

分(わ)かる 알다, 이해할 수 있다, 판명되다〈お + 동사 ます형 + になる〉의 꼴로 존경 표현이 된다.
| ~かも知(し)れない ~인지도 모르겠다 | ボタン 버튼, 단추 | 心当(こころあ)たり 마음에 짚이는 데, 짐작 가는 데 | 亡(な)くなる 작고하다, 돌아가시다. 死(し)ぬ(죽다)보다 완곡한 표현 | 握(にぎ)る (주먹을) 쥐다, (손으로) 쥐다, 잡다, 수중에 넣다, 자기 것으로 만들다, 장악하다

실제로는 이렇게 말한다!

い 생략①

1. ～ていらっしゃる → ～てらっしゃる (～하고 계시다.)

   て형에 ～いらっしゃる가 붙을 경우, い가 생략되어 발음되는 경우가 많다.

   • 何を見てらっしゃるの? 무얼 보고 계세요?
   • 本当にそう思ってらっしゃいます? 정말 그렇게 생각하고 계세요?

2. ～でいらっしゃる → ～でらっしゃる (～하고 계시다.)

   で형에 ～いらっしゃる가 붙을 경우 い가 생략되어 발음되는 경우가 많다.

   • 小説を読んでらっしゃったの? 소설을 읽고 계셨어요?
   • 相当悩んでらっしゃるみたいね。상당히 고민하고 계시는 것 같네.

드라마 실용 어휘&표현

いらっしゃる

1. 来る, 行く, 居る의 높임말.

   どちらへいらっしゃいますか。어디에 가십니까?

   いつこちらにいらっしゃる予定ですか。언제 이리로 오실 예정입니까?

   明日はお宅にいらっしゃいますか。내일은 댁에 계십니까?

2. 〈동사 + て[で] + いらっしゃる의 꼴로〉 ~하고 계시다.

   お休みになっていらっしゃる。쉬고(주무시고) 계시다.

3. 〈お(ご) + 형용동사 또는 명사 + で + いらっしゃる의 꼴로〉 ~하시다, ~이시다

   お元気でいらっしゃる。건강하시다(안녕하시다).

   お友達でいらっしゃる。친구이시다.

3 オレンジデイズ

오렌지 데이즈 (2004년)

주연 쓰마부키 사토시(妻夫木聡) 시바사키 고우(柴嘯コウ) 나루미야 히로키(成宮寛貴)

시놉시스 사회복지 심리학을 전공하고 있는 유키 가이(쓰마부키 사토시)는 대학 4학년. 극히 평범한 대학생인데 아직 취업을 하지 못하고 있다. 사에의 특출한 재능을 알게 된 피아니스트인 엄마(하나후부키 준)는 어렸을 때부터 바이올린을 배우게 했다. 훌륭한 실력을 인정받아 외국 유학까지 갔지만, 음악가로서 치명적인 청각 장애로 인해 실의에 빠져 귀국한 사에는 우연히 가이를 만나게 된다. 마음을 닫아버린 사에와 가이가 엮어가는 예쁜 사랑 이야기.

TAKE SCENE

데이트 중인 가이와 사에. 공원에 앉아 음료수를 마시며…….

바로
이 장면
찾아서 보기

제1화 | 전반부

櫂 : ね、大丈夫なの。耳の方。

サエ : 聴力は落ちてるけど、フツーに生活して平気だって。

가이 : 있잖아, 괜찮은거야? 귀.

사에 : 청력은 떨어지고 있지만, 평범하게 생활해도 아무렇지 않대.

단어

大丈夫(だいじょうぶ) 1. 안전함. 끄떡없음, 걱정없음, 괜찮음. 2. 틀림없음, 확실함 | **耳(みみ)** 귀, 소리를 듣는 능력, 청력(聴力) | **方(ほう)** 방위, 방향, 쪽 | **聴力(ちょうりょく)** 청력 | **落(お)ちる** 떨어지다, 하락하다 | **普通(ふつう)** 1. 보통. 2. 대개, 일반적으로. フツー로 표기된 것은 강조하기 위한 것. | **生活(せいかつ)** 생활 | **平気(へいき)** 1. 태연함. 2. 예사로움. 3. 아무렇지 않음

드라마에서 뽑은
실제로는 이렇게 말한다!

い 생략②

'ている・でいる(~하고 있다)'의 경우, い를 생략하고 발음하는 경우가 많다.

1. 〜て(で)いる → 〜て(で)る ~하고 있다
   • 何一人で食べてるのよ。뭘 혼자서 먹고 있는 거야.
   • あなたが盗んでるのを見たんですよ。당신이 훔치는 것을 봤다구요.

2. 〜て(で)いて → 〜て(で)て ~하고 있고, 하고 있어
   • 明日試験なのに、そんなに遊んでてどうするのよ。
     내일 시험인데, 그렇게 놀고 있어서, 어떻게 해!

3. 〜て(で)いない → 〜て(で)ない ~하고 있지 않다.
   • この映画はまだ見てないよ。이 영화는 아직 못 봤어.

4. 〜て(で)いなかった → 〜て(で)なかった ~하고 있지 않았다.
   • 昨日のパーティーには行ってなかったんですよ。어제 파티에는 가지 않았어요.

5. 〜て(で)いた → 〜て(で)た ~하고 있었다.
   • 今、あんたの話をしてたんだけど。지금 네 이야기를 하고 있었어.

6. 〜て(で)いません → 〜て(で)ません ~하고 있지 않습니다.
   • あの時は飲んでませんでした。그 때는 마시고 있지 않았습니다.

7. 〜て(で)いました → 〜て(で)ました ~하고 있었습니다.
   • ついさっきまで、ここで遊んでましたけど。방금 전까지 여기에서 놀고 있었는데요.

참고 ね 상대의 동의나 대답을 바라거나, 어세를 돕는 역할을 한다.
• 今日、ちょっと寒いね。ね。오늘 좀 춥다. 그치? (동의를 구함)
• 今日は早く帰ってきなさい。ね。오늘은 빨리 돌아와라. 알았지! (확인)
• 実はね、昨日ね、帰ってきたばかりなんだ。실은 말야, 어제 말이지, 막 돌아온 참이거든.

4 君が想い出になる前に
당신이 추억이 되기 전에 (2004년)

주연 미즈키 아리사(観月ありさ) 시이나 깁페이 (椎名桔平) 다마야마 데쓰지(玉山鉄二)

시놉시스 스타일리스트 사에키는 해외부임으로 싱가포르에 가 있는 언니 부부의 맨션에서 집을 봐주며 살고 있었다. 곧 미호 언니가 3년 간의 해외 생활을 끝내고 맨션으로 돌아오게 되어 있었다. 자기를 제일 잘 이해해 주고 자신이 제일 좋아하는 언니가 돌아오는 것이다. 그런 그녀에게 애인 가즈야는 함께 살 집을 둘러보러 다니며 사에키에게 프로포즈를 한다. 행복한 일들만 가득한 사에키에게 언니가 총에 맞아 죽었다는 전화가 걸려오는데…….

 # TAKE SCENE

퇴근하는 길에 후배 치히로가 한 잔 마시러 가자고 하지만 나오는 가즈야와 만나기로 선약이 되어 있어 안 된다고 거절하는데, 마침 차로 마중나온 가즈야가 역까지 태워주겠다고 하는데…….

바로 이 장면 찾아서 보기

제1화 | 전반부

ちひろ：こんばんは。

和也　：こんばんは。あ、途中まで乗ってく？

優子　：えっ、いいんですか？

和也　：うん。

ちひろ：何言ってんの？

　　　　大丈夫ですから。

　　　　駅すぐそこだし。

치히로 : 안녕하세요?
가즈야 : 안녕. 중간까지 타고 갈래?
유예코 : 예? 괜찮겠어요?
가즈야 : 응.
치히로 : 무슨 소리 하는 거야?
　　　　괜찮아요.
　　　　역은 바로 요 앞이니까.

こんばんは 저녁·밤의 인사말. 안녕하십니까? | **途中(とちゅう)** 도중 | **乗(の)る** (탈것에) 올라타다 | **いい** 좋다, 괜찮다 | **大丈夫(だいじょうぶ)だ** 괜찮다, 틀림없다, 확실하다, 안전하다 | **駅(えき)** 역 | **すぐ** 곧, 즉시, 금방, 바로, 아주, 가까이

い 생략③

'～ていく, ～でいく'는 '～하고 가다, 해 가다'라는 뜻으로, い를 생략하고 발음하는 경우가 많다.
い생략은 '～て(で)いる, ～て(で)いく, ～て(で)いらっしゃる' 등 세 가지가 있다.
우리가 일반적으로 '～て(で)いる'만 い가 생략된다고 생각하지만, '～て(で)いく'의 い나 '～て(で)
いらっしゃる'의 い도 생략된 상태로 많이 쓰이는 점에 주의하면 일상회화가 더 자연스러워진다.

1. ～て(で)いく → ～て(で)く ～하고 가다.
   • 暇なら、映画でも見てく？ 한가하면 영화라도 보고 갈래?

2. ～て(で)いこう → ～て(で)こう ～하고 가자.
   • ここでちょっとだけ飲んでこうか。여기서 조금만 마시고 갈까?

3. ～て(で)いって → ～て(で)って ～하고 가.
   • 私も連れてってよ。나도 데리고 가라.

4. ～て(で)いった → ～て(で)った ～하고 갔다.
   • あれも持ってったほうがいいよ。저것도 가지고 가는 게 좋겠다.

5. ～て(で)いかない → ～て(で)かない ～하고 가지 않다.
   • ね、お腹すいたんだけど、なんか食べてかない？
   있잖아, 배고픈데, 뭐 좀 먹고 가지 않을래?

6. 기타 표현
   • これ持ってけばいいんでしょ？ 이거 가져가면 되는 거죠?
   • うちに食べ物がないんだけど、酒でも飲んでけ。
   우리집에 먹을 게 없는데, 술이라도 마시고 가라.
   • デパートには犬は連れてけないの。わかった？
   백화점에 개는 데려갈 수 없어. 알겠니?

5 ブラックジャックによろしく
블랙잭에게 안부를 (2003년)

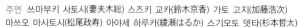

주연 쓰마부키 사토시(妻夫木総) 스즈키 교카(鈴木京香) 가토 고지(加藤浩次)
마쓰오 마사토시(松尾政寿) 아야세 하루카(綾瀬はるか) 스기모토 뎃타(杉本哲太)

시놉시스 대학병원의 연수의사인 사이토는 의사라는 직업에 자부심을 갖고 있는 햇병아리다. '잡무'가 주요 업무인 연수의의 하루 평균 노동시간은 16시간! 월급 3만 8천엔! 다른 병원에서 당직 아르바이트를 하지 않으면 생활비를 충당할 수 없을 정도다. 사이토는 세이도병원에서 아르바이트를 하게 되고 그곳에서 일어나는 의료 사고나 대학병원의 모순을 알게 되고 고민하는데…….

TAKE SCENE

연수의사 한 달 월급 3만 8천 엔인 사이토는 다른 병원에 당직으로 아르바이트를 시작한다. 첫 출근을 해서 원장과 인사를 나눈 후 같은 당직의사인 우시다와 인사를 나누는데…….

바로
이 장면
찾아서 보기

제1화 | 전반부

牛田 : 食っとけ。

斎藤 : えっ?

牛田 : 食える時に食っとけ。で、寝れる時に寝とけ。
以上です。

우시다 : 먹워 둬.
사이토 : 예?
우시다 : 먹을 수 있을 때 먹워 둔다.
그리고 잘 수 있을 때 자 둔다. 이상입니다.

食(く)う (음식을) 먹다, 씹어 삼키다. たべる보다 거친 말로서 남자가 많이 씀. 단, 共食(ともぐ)い (서로 잡아먹음), 立(た)ち食(ぐ)い(서서 먹음) 등은 명사에 해당하므로, 여성이 써도 무방. | 食(く)える 먹을 수 있다. 食(く)う의 가능형 | 置(お)く 두다, 놓다 | で 순접의 それで(그리고, 그래서)와 역접의 ところで(그런데)의 두 가지 뜻으로 쓰인다. 문맥에 따라 해석. | 寝(ね)る 자다

실제로는 이렇게 말한다!

てお → と

회화체에서 '～ておく(~해 두다)'의 ～てお를 빨리 발음하면 と에 가깝게 소리나기 때문에 てお를 と로 발음하는 경우가 많다. 탁점이 붙은 동사 음편에서 탁점이 붙는 ～でおく의 경우는 ～どく로 바뀐다.

1. ～て(で)おく → ～と(ど)く ~해 두다, 해 놓다
   - 私が見とくから、心配するな。 내가 봐 둘 테니까 걱정 마.

2. ～て(で)おけ → ～と(ど)け ~해 둬라, 해 놔라
   - そんなこと、お前が考えとけよ。 그런 건, 네가 생각해 둬라.

3. ～て(で)おいて → ～と(ど)いて ~해 둬, 해 놔
   - 飲み物なくなったんだから、買っといてね。 음료수 다 떨어졌으니까 사 둬라.

4. ～て(で)おいた → ～と(ど)いた ~해 두었다, 해 놓았다
   - 友だちならもう呼んどいたから、すぐ来るよ。 친구라면 벌써 불러 두었으니까 곧 올 거야.

5. ～て(で)おきました → ～と(ど)きました ~해 두었습니다, 해 놓았습니다
   - 掃除ならもうとっくにしときました。 청소라면 이미 벌써 해 두었습니다.

6. ～て(で)おかなければなりません → ～と(ど)かなければなりません
   ~해 두지 않으면 안 됩니다
   - 急いでやっとかなければなりません。 서둘러서 해 두지 않으면 안 됩니다.

7. ～て(で)おいたほうがいい → ～と(ど)いたほうがいい ~해 두는 편이 좋다
   - 顔色悪いから、休んどいた方がいいよ。 안색이 안 좋으니까, 쉬어 두는 편이 좋겠어.

8. て(で)おきなさい → と(ど)きなさい。 해 두거라, 해 놓거라
   - そのぐらいは準備しときなさいよ。 그 정도는 준비해 두거라.

と로 축약되는 다른 표현들

1. ～て(で)おる → ～と(ど)る

～하고 있다(약간 방언투이며 예스러운 말로서 공손한 뜻을 지님)

- どこを見とる。 어딜 보고 있는 거야.
- なにをしとるんだ、君は。 무얼 하고 있는 건가, 자네는?

2. ～て(で)おくれ → ～と(ど)くれ

～해 줘, ～줘.(くれる의 명령형에 お가 붙은 표현)

- これをちょっとみとくれ。 이걸 좀 봐 줘.
- ここだけ教えとくれよ。 여기만 알려 줘.

3. ～て(で)おいで → ～と(ど)いで

～하고 있거라(흔히 손아랫사람에게 다정하게 명령할 때 씀)

- 静かにしといで。 조용히 하고 있거라.
- ちょっとだけ公園で遊んどいで。 잠깐만 공원에서 놀고 있거라.
- あなたは黙っといで。 너는 잠자코 있거라.

장음 암기법①

외래어는 가타카나로 표기되는데, 가장 헷갈리는 부분이 바로 장음부호의 위치이다. 다음은 영어 철자를 통해 파악할 수 있는 가장 간단한 장음부호의 위치 파악법이다.

[ee]

ビーフ [beef]　　　　チーズ [cheese]　　　　スピーチ [speech]

キーパー [keeper]　　ビール [beer]　　　　　ヒール [heel]

コーヒー [coffee]　　スイート [sweet]　　　シースルー [see-through]

シーソー [seesaw]　　ツリー [tree]　　　　　シーツ [sheet]

シート [sheet]　　　シーフード [seafood]　　スピード [speed]

クイーン [queen]

[ea]

アイスクリーム [ice cream]　アイスティー [ice tea]　　イースト [yeast]

チーム [team]　　　　　　シーズン [season]　　　シート [seat]

シール [seal]　　　　　　サーロイン ステーキ [sirloin steak]

セーター [sweater]

[oo]

ウールマーク [wool mark]　フード [food]　　　　　プール [pool]

ルーズ [loose]　　　　　サマースクール [summer school]

ショールーム [showroom]　ルーキー [rookie]　　　シュート [shoot]

クーラー [cooler]　　　　クール [cool]　　　　　シャンプー [shampoo]

ルーフ [roof]　　　　　ルート [root]　　　　　ルーズリーフ [loose leaf]

ルーツ [roots]　　　　　ルーム [room]

6 空から降る一億の星

そら ふ いちおく ほし

하늘에서 내리는 1억 개의 별 (2002년)

주연 아카시야 삼마(明石家さんま) 기무라 다쿠야(木村拓哉) 후카쓰 에리(深津絵里)
시놉시스 신참내기 형사였던 간조는 공적을 세우기 위해 지명수배자인 살인범을 혼자서 잡으려다가 정당방위로 총기를 사용하게 된다. 간조 형사에 의해 고아가 된 남매를 자신이 키우기로 결심하는데, 오빠인 료는 도망쳐버리고 여동생 유코만을 자신의 동생으로 입양시킨다. 세월이 흘러 유코를 빨리 시집보내고 싶어하는 간조 형사 앞에 아버지의 복수를 하려는 료가 나타난다.

TAKE SCENE

#1
유코의 개인교습 제자였던 미와의 생일파티에 참석했던 유코와 간조. 다음날 아침에 간조는 아침식사를 준비하고 유코를 깨우지만 좀처럼 일어나지 못하는 유코에게 잔소리를 한다.

바로 이 장면 찾아서 보기
제1화 | 전반부

#2
여자대학생 살인사건 용의자로 그녀의 남자친구인 오쿠마가 잡혀왔고 간조는 확인할 게 있다며 용의자에게 질문하는데, 용의자는 극구 부인하고 나선다. 그러자 간조는 상사인 오사와에게 보고한다.

바로 이 장면 찾아서 보기
제2화 | 후반부

#1

優子：お兄ちゃん、朝からうるさい。

ゆうこ にい あさ

完三：朝からうるさくしたかないわ。

かんぞう あさ くは

優子：ああっ！うるさい、うるさい！

ゆうこ

#2

大熊：でも僕、違いますよ。

おおくま ぼく ちが

完三：違うと言ってますが。

かんぞう ちが い

大沢：余計なことは言わんでいい。

おおさわ よけい い なくても

#1
유코 : 오빠, 아침부터 시끄러워.
간조 : 아침부터 시끄럽게 하고 싶지 않아.
유코 : 아악! 시끄러, 시끄러!

#2
오쿠마 : 하지만 전 아닙니다.
간조 : 아니라는데요.
오사와 : 쓸데없는 소리 안 해도 돼.

朝(あさ) 아침 | **うるさい** 귀찮다, 번거롭다, 성가시다, (너무 많아서) 거추장스럽다, 방해가 되다 | **ちがう** 다르다, 틀리다, 아니다 | **余計(よけい)** 쓸데없음

실제로는 이렇게 말한다!

くは → か

くは를 빨리 발음하면 か에 가까운 소리가 나므로, 줄여서 か로 발음하는 경향이 있다.

- これ以上、太りた**か**ないよ。 이 이상, 살찌고 싶지는 않아.
- 本当は私も行きた**か**ないんだよ。 실은 나도 가고 싶지는 않아.
- ええ? 私は全然寒**か**ないけど。 뭐? 난 전혀 춥지는 않은데.

なくても → んで(も)

なくても → んでも (~지 않아도), なくて → んで (~지 않고)처럼 축약되어 발음된다.

- 連絡せ**んでも**大丈夫なのか。 연락 안 해도 괜찮은 거야?
- そんな食べ**んでも**いいからさ。 그런 거 안 먹어도 된단 말야.

드라마 실용 어휘&표현

うるさい

1. 귀찮다, 번거롭다, 성가시다 = 煩(わずら)わしい
   - 手続きがうるさい。 절차가 번거롭다.

2. (너무 많아서) 거추장스럽다, 방해가 되다
   - 長い髪がうるさそうだ。 긴 머리털이 거추장스러울 것 같다.

3. (소리 등이) 시끄럽다, 귀에 거슬리다 = やかましい
   - 工場の騒音がうるさい。 공장의 소음이 시끄럽다.

4. 잔소리가 많다, 까다롭다
   - うるさいおやじ。 잔소리 많은 영감[아버지]. • 料理にうるさい人。 요리에 까다로운 사람.

7 カバチタレ! 가바치타레 (2001년)

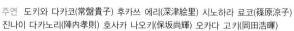

주연 도키와 다카코(常盤貴子) 후카쓰 에리(深津絵里) 시노하라 로코(篠原涼子)
진나이 다카노리(陣内孝則) 호사카 나오키(保坂尚輝) 오카다 고키(岡田浩暉)

시놉시스 매사에 우유부단한 노조미와 매사에 똑부러지게 행동하는 치하루가 만났다. 남에게 속아도 사람을 믿고 싶다는 노조미와 절대로 남을 믿지 않는다는 치하루. 그녀들이 함께 겪어 가는 사건들 속에서 의지하고 서로를 부러워하는 우정 드라마.

TAKE SCENE

병원원장의 아들인 나시모토는 간호원이자 노조미의 친구인 유코에게 성희롱을 했다가 30만 엔을 위자료로 물어주었고 유코는 병원을 그만두기로 한다. 그만두는 날 짐을 가지러 왔다가 다시 나시모토에게 성희롱을 당하고 이를 목격한 노조미는 용서할 수 없다며 고소하자고 한다. 치하루는 두 번째도 30만 엔을 위자료로 요구한다. 한편 병원원장은 아들과 술집에 와서 이 일을 어떻게 할지 의논하고 있다.

院長：また？またってお前、二度目なのか？

梨本：そう。ママにそっくりな代書屋が来てさ、
弁護士でもねぇくせに３０万持ってったんだよ。

ホステス：えっ？セクハラってそんなにもらえるの？

梨本：何？一回やったげようか。

바로 이 장면 찾아서 보기

제10화 ㅣ 후반부

원장 ：또？ 또라는 건 너 두 번째냐?
나시모토 ：응. 엄마를 쏙 닮은 대서인이 와서 말야. 변호사도 아닌 주제에 30만 엔 가지고 갔단 말야.
호스테스 ：엣? 성희롱이란 거 그렇게나 받을 수 있어요?
나시모토 ：뭐? 한번 해 줄까?

단어

また 또, 또다시, 재차, 거듭 ㅣ お前(まえ) 너, 자네 ㅣ 目(め) 순서, 순번을 나타낸다. ~째, ~만 ㅣ そっくり 꼭 닮은 모양, 전부, 모조리, 몽땅, 고스란히 ㅣ 代書屋(だいしょや) 대서인, 대서소 ㅣ 弁護士(べんごし) 변호사 ㅣ くせに ~임에도 불구하고, ~인데도, ~인 주제에 ㅣ セクハラ 성희롱. セクシャルハラスメント의 준말 ㅣ もらえる 받을 수 있다. もらう(받다)의 가능형 ㅣ 一回(いっかい) 한 번, 1회 ㅣ やる 주다. 하다

실제로는 이렇게 말한다!

てあ → た

てあ를 빨리 발음하면 た와 같이 들리므로, た로 발음하는 경향이 있다.

- これも買_かったげるよ。 이거도 사 줄게.
- じゃ、私_{わたし}のも見_みせたげるから。 그럼, 내 것도 보여 줄 테니까.
- もう、しょうがないな。あなたとも遊_{あそ}んだげるよ。 정말, 어쩔 수 없군. 너하고도 놀아 줄게.
- もう一度_{いちど}読_よんだげるから、よく聞_きいて。 다시 한번 읽어줄 테니까 잘 들어.

드라마 실용 어휘&표현

やる

1. 나아가게 하다, 몰다
   - 馬_{うま}をやる。 말을 몰다.
   - 船_{ふね}をやる。 배를 젓다.
   - 東京駅_{とうきょうえき}までやってくれ。 (택시 등을) 도쿄역까지 몰아 주게.

2. 보내다
   - つかいをやる。 심부름을 보내다.
   - 子供_{こども}を大学_{だいがく}へやる。 자식을 대학에 보내다.
   - 医者_{いしゃ}を呼_よびにやる。 의사를 부르러 보내다

3. 옮기다, 치우다
   - おい、僕_{ぼく}の本_{ほん}をどこへやった。 어이, 내 책을 어디다 치웠지?

25

4. 향하다, 돌리다
- 目をやる。눈길을 보내다
- 彼の方に顔をやった。그에게로 얼굴을 돌렸다.

5. 주다
- 金をやる。돈을 주다.
- 花に水をやる。꽃에 물을 주다.
- 餌をやる。먹이를 주다.

6. 하다, 행하다
- 勉強をやる。공부를 하다.
- 秘書をやる。비서를[비서 노릇을] 하다.
- やる気のない者は去れ。할 마음이 없는 자는 떠나라.

7. (俗) 위해(危害)를 가하다, 죽이다(殺る)
- あいつをやってしまえ。저 녀석을 해치워라.
- 基地が敵にやられた。기지가 적에게 당했다.

8. 멀리까지 미치는 뜻을 나타냄
- 眺めやる。멀리 바라보다.

9. (동사의 て형에 붙어) 주체의 어떤 영향이 다른 대상에 미치는 뜻을 나타냄. 공손히 말할 때는 やってあげる라고 한다.
- 教えてやる。가르쳐 주다.
- 聞いてやるよ。들어 줄게.
- おごってやる。한 턱 낼게.

10. 적극적으로 그렇게 해 보이겠다는 뜻을 나타냄. (여봐란 듯이) ～할 테다.
- そんなに言うこと聞かないなら、外に放り出してやる。

  그렇게 말을 듣지 않으면 밖으로 내던져 버릴 테다.
- きゃふんと言わせてやる。찍 소리 못하게 해 주다.

장음 암기법②

외래어는 가타카나로 표기되는데, 가장 헷갈리는 부분이 바로 장음부호의 위치이다.
다음은 영어 철자를 통해 파악할 수 있는 가장 간단한 장음부호의 위치 파악법이다.

[-u]

オーディオ [audio]	オーディション [audition]	ミュージック [music]
ミュージカル [musical]	スケジュール [schedule]	キュービック [cubic]
ジュース [deuce]	ジュース [juice]	デビュー [debut]
シュート [chute]	カール [curl]	チューナー [tuner]
チューブ [tube]	レスキュー [rescue]	キューピット [cupid]
クーポン [coupon]	カーブ [curve]	
スーパーマーケット [supermarket]	クルーザー [cruiser]	グループ [group]
コンピューター [computer]	コース [course]	スーツ [suit]
サンタクロース [Santa Claus]	ソース [source]	ブルージーンズ [blue jeans]

[-er]

アナウンサー [announcer]	シンガー [singer]	アンダー [under]
アフター [after]	サービス [service]	オブザーバー [observer]
フラワー [flower]	キャスター [caster]	オーダー [order]
カウンター [counter]	カバー [cover]	レーサー [racer]
シンナー [thinner]	ランナー [runner]	サッカー [soccer]
ペーパードライバー [paper driver]	キャッチャー [catcher]	サーバー [server]
インターネット [internet]	コインロッカー [coin locker]	
エンターテイナー [entertainer]		

8 黒革の手帳 검은 가죽 수첩 (2004년)

주연 요네쿠라 료코(米倉涼子) 나카무라 도오루(仲村トオル) 샤쿠 유미코(釈由美子)

시놉시스 은행에서 10년을 근무한 하라구치 모토코는 1억 2천만 엔을 횡령한다. 그녀가 믿는 것은 은행이 특별 관리하는 가공명의 예금주 리스트가 적힌 한 권의 '검은 가죽 수첩'. 그녀는 그 돈으로 긴자에 술집을 차리고 불법이나 탈세를 이용해 돈을 버는 남자들을 유혹해 한 사람씩 점령해 나간다. 금욕과 애욕으로 넘쳐나는 밤의 세계로 점점 더 깊숙하게 빠져드는 모토코의 운명은 어떻게 될 것인가?

TAKE SCENE

#1
모토코 덕분에 오갈 데 없는 신세를 면한 나미코는 인기 넘버원 호스테스가 되고, 돈 많은 손님을 잡자 모토코의 술집 바로 옆에 더 큰 술집을 개업하려 한다. 엘리베이터에서 나미코를 만난 모토코가 가불해 간 돈을 갚으라고 한다.

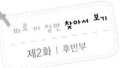
바로 이 장면 찾아서 보기
제2화 | 후반부

#2
모토코를 좋아하는 학원 이사장 하시다는 일부러 시간을 내서 찾아왔지만 모토코가 없자, 짜증이 났다. 호스테스가 옆에 앉아 기분을 맞춰 준답시고 모토코가 아직 애인이 없는 눈치라고 하자, 퉁명스럽게 그런 거 안 물어봤다며 무안을 준다. 때마침 가게에 들어오는 모토코를 보고 호스테스가 도움을 요청한다.

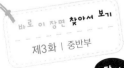
바로 이 장면 찾아서 보기
제3화 | 중반부

#1

ナミコ：返すわ。倍にして返したるから。

元子　：あ、そうそう！ 忘れるところだったわ。これ、どうぞ。

#2

橋田：そんなこたぁ 聞いてないよ。

ホステス：ママ、助けて。

　　　　今日チョー機嫌悪いの。

#1
나 미 코 : 갚을게. 배로 해서 갚아줄 테니까.
하라구치 : 아참! 잊어버릴 뻔했네. 이거 받아.
#2
하 시 다 : 그런 건 안 물었어.
호스테스 : 마담, 도와줘요. 오늘 캡 기분이 안 좋아요.

단어

返(かえ)す (빌린 것을) 돌려주다 | 倍(ばい) 배, 갑절 | 聞(き)く 듣다, 묻다 | ママ [mama] 마마. 1. (幼) 엄마, 어머니의 애칭 ↔ パパ. 2. 바 또는 술집의 마담(=マダム) | 助(たす)ける 구하다, 살리다, 돕다, 거들다 | 超(ちょう) 초, 정도가 그 이상임. (구어적인 표현에서) 캡, 짱, 왕으로 해석하는 경우도 있다 | 今日(きょう) 오늘 | 機嫌(きげん) 기분, 심기, 비위 | 悪(わる)い 나쁘다, 안 좋다

실제로는 이렇게 말한다!

てや → た

てや를 빨리 발음하면 た에 가까운 발음이 나므로, た로 발음하는 경향이 있다.

(방언투의 표현이다)

- 後_{あと}で買_かったるから。나중에 사 줄 테니까.
- そんなの私_{わたし}が貸_かしたるよ。그런 거 내가 빌려 줄게.

とは → たぁ 또는 た

とは를 빨리 발음하면 たぁ에 가까운 발음이 나므로, たぁ 또는 た로 발음하는 경향이 있다.

- あんたが行_いくこたぁないんだよ。네가 가지 않아도 돼.
- そんなの気_きにすることたぁないですよ。그런 거 신경 쓸 거 없습니다.
- あんたのやることたしっかりしなきゃ。네가 할 일은 똑부러지게 해야지.

드라마 **실용 어휘&표현**

返_{かえ}す

1. (빌린 것을) 돌려주다
   - お金_{かね}を返_{かえ}す。빌린 돈을 돌려주다.

2. (원래의 상태로) 되돌리다, 되돌려 놓다
   - もとの形_{かたち}に返_{かえ}す。원래의 모습으로 되돌려 놓다.

3. (원위치로) 되돌려 놓다
   - 使_{つか}った物_{もの}は、もとのところに返_{かえ}しなさい。사용한 물건은 제자리에 되돌려 놓으시오.

4. (행동으로) 갚다
- 恩を返す。 은혜를 갚다.
- 仇を返す。 원수를 갚다.

5. 뒤집다, 돌리다.
- 手の平を返す。 손바닥을 뒤집다, 태도를 바꾸다.
- 踵を返して駆け出す。 발길을 돌려 달리기 시작하다.

6. (땅을) 갈다. 파 엎다.
- 畑の土を返す。 밭의 흙을 갈다.

助ける

1. 구하다, 살리다, 구조하다 = 救う
- 溺れかけている子供を助ける。 물에 빠진 아이를 구하다.
- 命ばかりお助け下さい。 목숨만 살려 주십시오.

2. 돕다, 거들다, 부축하다, 떠받치다
- 貧しい人を助ける。 가난한 사람을 돕다.
- 老人を助けてバスに乗せてあげる。 노인을 부축하여 버스에 태워 드리다.

超

1. 정도가 그 이상임
- 超音速 초음속.

2. 그것에서 극단적으로 벗어나 있음
- 超自然 초자연.

3. 구어적인 표현에서 강조해서 캡, 짱, 왕으로 해석하는 경우도 있다
- 超安い。 캡 싸다!   • チョー 可愛い。 짱 귀엽다!   • チョー ムカつく。 왕 열받네!

機嫌

1. (남의) 생각이나 의향(意向), 안부
   - ご機嫌いかがですか。안녕하십니까?

2. 기분, 심기, 비위
   - 機嫌を損なう。기분을 상하게 하다.

3. 〈흔히 ご를 붙여〉 기분이 좋음.
   - 今日はご機嫌だ。오늘은 기분이 좋으시다.

悪い

1. 옳지 않다, 못되다, 바르지 않다
   - 行儀の悪い子。예절이 바르지 못한 아이
   - 悪いことはすぐ覚える。못된 짓은 금방 배운다

2. 좋지 않다, 나쁘다, 해롭다
   - 頭が悪い。머리가 나쁘다.
   - 機械の性能が悪い。기계의 성능이 안 좋다.
   - 子供に悪い映画。어린이에게 해로운 영화.

3. 서투르다
   - 腕の悪い大工だ。솜씨가 서툰 목수이다.
   - 都合が悪い。형편이 좋지 않다.

5. 언짢다, 불길하다
   - 悪い知らせがある。언짢은 소식이 있다.

8. 못생기다. 예쁘지 않다.
   - 姿は良いが、器量が悪い。몸매는 좋으나 얼굴이 못생겼다

9. 실례가 되다, 미안하다
   - 待たせると悪いから、先に行ってくれ。기다리게 하면 미안하니 먼저 가 주게.

10. 잘못이다.
    - 悪いのは君の方だ。잘못한 것은 자네 쪽이다.

9 愛_{いと}し君_{きみ}へ 사랑스런 그대에게 (2004년)

주연 간노 미호(菅野美穂) 후지키 나오히토(藤木直人) 이토 미사키(伊東美咲)
다마키 히로시(玉木宏)
시놉시스 추락하는 비행기 속에서 연인이 마지막으로 전화를 걸어왔다. 당신은 무슨 말을 해 줄 수 있을까? 주인공 시키에게 아즈미가 묻는다. 대답을 고민하는 사이에 이미 전화는 끊겨버렸다고 말하는 아즈미. 사랑하는 사람이 곧 시력을 잃어 아무것도 볼 수 없게 된다면 당신은 그에게 마지막으로 무엇을 보여 주시겠습니까? 또 그가 마지막으로 보고 싶어하는 것은 무엇일까요?

TAKE SCENE

시키가 집에 돌아오자 아버지와 남동생 미쓰오가 싸우고 있다. 남동생이 반찬이 없다며 투정을 부리고 빵을 먹으려 하자 쌀가게를 하는 아버지가 아키타고마치라는 브랜드의 쌀을 밥으로 고시히카리라는 브랜드의 쌀을 반찬삼아 먹으라고 한것이 싸움의 원인이다.

바로
이 장면
찾아서 보기

제1화 | 중반부

満雄_{みつお}：違_{ちが}うよ。秋田_{あきた}こまちをおかずに、コシヒカリ食_くえっつう_{とい}
んだよ。ご飯_{はん}おかずにご飯_{はんく}食えるか、バカ。

お父_{とう}さん：米屋_{こめや}のせがれっ_{という}てのはな、そうやって育_{そだ}つも_のんだよ。

満雄_{みつお}：そんなこと、知_しった_{ことではない}こっちゃねぇよ。

미쓰오 ： 아냐. 아키타고마치를 반찬으로 고시히카리를 먹으라고 하잖아. 밥을 반찬으로 밥을 먹겠냐, 바보야.
아버지 ： 쌀집의 아들이란 그렇게 자라는 거야.
미쓰오 ： 그런 거 알게 뭐야.

단어

違_{ちが}う 다르다, 상이하다, 잘못되다, 틀리다 | 秋田_{あきた}こまち・コシヒカリ 일본산 쌀의 브랜드 | ご飯_{はん} 식사, 밥, 飯_{めし}・食事_{しょくじ}의 공손한 표현 | おかず 반찬, 부식물 | 米屋_{こめや} 쌀집 | せがれ 자기 아들을 일컫는 겸사말. むすこ보다 예스러운 말 | 育_{そだ}つ 자라다, 성상하다 | 知_しる 알다

드라마에서 **뽑은**

실제로는 이렇게 말한다!

ことだ・ことでは → こっちゃ

~ことだ(~것이다), ~ことでは(~인 것은)를 줄여서 こっちゃ라고 하는 경우가 있다. 상황에 따라 다양하게 해석되므로, 아래 예문을 통해 그 쓰임을 잘 알아 두자.

- そうそう。そういうこっちゃ。그래 그래, 그런 거야.
- 私は知らないこっちゃ。나는 모르는 일이야.
- 相手の立場なんて俺の知ったこっちゃないよ。상대방 입장 따윈 내 알 바 아냐.
- そんなこっちゃ、私はめげないよ。그런 일로 나는 꺾이지 않아.
- これはいったいどういうこっちゃ。이건 도대체 어떻게 된 일이냐?

드라마 실용 어휘&표현

よ

1. 부름을 나타냄. ~이여, ~여, ~야, ~아
   - 友よ。친구여
   - 風よ、吹け。 바람아 불어라

2. 상대에게 알려주는 뉘앙스
   - まだ8時よ。 아직 8시야.
   - あの人はいい人よ。저 사람은 좋은 사람이야.

3. (의문의 뜻을 나타내는 말에 호응하여) 상대를 나무라는 뉘앙스
   - 急にそんなこと言い出してどうしたのよ。갑자기 그런 말을 끄집어내다니 어쩐 일이야.

4. 강조
   - もしもだよ、君だったらどうする? 만약에 말야, 자네 같으면 어떻게 하겠나?

10 With Love (1998년)

주연 다케노우치 유타카(竹野内豊) 다나카 미사토(田中美里) 오이카와 미쓰히로(及川光博)
후지와라 노리카(藤原紀香)

시놉시스 CM음악 작곡가인 후유카와 아주 평범한 삶을 살아가는 은행원 아마네. 자기 생일에 미팅을 나갔다가 황당한 꼴을 당해 기분이 엉망인 채 집에 돌아와 컴퓨터를 켜 보니, 모르는 사람에게서 메일이 와 있어서 호기심에 열어 보니, 거기에는 마음을 아주 편안하게 해 주는 음악이 들어 있었다. 그 음악은 후유카와가 만든 것으로 회사에 보낸다는 것이 잘못 전달된 것. 이 작은 사건을 계기로 이어지는 두 사람의 만남은……

TAKE SCENE

#1
아마네의 단골 고객인 사사키 할머니는 은행에 오면 아마네를 붙들고 늘 수다를 떨다 간다. 오늘도 할머니는 얄미운 손주와 더 얄미운 며느리에게 산악자전거와 자기 장례식 때 입을 옷을 사 주기 위해 돈을 찾아가는 거라고 이야기한다.

바로 이 장면 찾아서 보기
제1화 | 전반부

#2
그러던 어느 날 사사키 할머니는 결국 가족들에 의해 양로원에 보내지게 된다. 할머니는 양로원으로 가기 전에 아마네를 찾아와 작별 인사를 하는데, 할머니가 가여운 아마네는 말을 잇지 못한다.

바로 이 장면 찾아서 보기
제1화 | 후반부

#1

佐々木：あたしの葬式ん時に変な格好されちゃあなた、

こっちゃ体裁悪いじゃないの?

雨音　：葬式なんて、お元気じゃないですか。

#2

雨音　：おばあちゃん……。

佐々木：わたしゃ、あんたのおばあちゃんじゃないって

言ったろ。

#1
사사키 : 내 장례식 때에 이상한 차림을 하면 말야, 내 체면이 말이 아니잖겠어?
아마네 : 장례식이라뇨, 정정하시잖아요.

#2
아마네 : 할머니……
사사키 : 난 네 할머니가 아니라고 했잖아.

단어

あたし 저, 나, 흔히 여성이 사용(わたし가 변한 말) | 葬式(そうしき) 장례식, 장례 | 変(へん) 보통과 다름, 이상함, 예상 밖임, 엉뚱함 | 格好(かっこう) 모양, 모습, 체면 | 体裁(ていさい) 겉모양, 외관, 체면 | 元気(げんき) 원기, 만물 발생의 근본이 되는 정기(精気), 기력, 기운, 건강함, 활발함

しは → しゃ

しは는 회화체에서 しゃ로 발음되는 경향이 있다.

- 言わないでよ。あ(わ)たしゃね、聞きたくも、知りたくもありませんよ。
  말하지 마세요. 전요, 듣고 싶지도 알고 싶지도 않아요.
- わしゃまだ大丈夫だよ。난 아직은 괜찮아.

ちは → ちゃ

ちは는 회화체에서 ちゃ로 발음되는 경향이 있다.

- 僕たちゃ別に気にしないけど。우리들은 별로 신경 안 쓰는데.
- 俺たちゃ、勝つ。絶対に勝つ。우리는 이긴다. 꼭 이긴다.
- こっちゃこっちの心の準備ってもんがあるだろ。
  이쪽은 이쪽의 마음의 준비라는 게 있잖냐.

には → にゃ

には는 회화체에서 にゃ로 발음되는 경향이 있다.

- いい男にゃいい女がいるもんよ。괜찮은 남자에겐 멋진 여자가 있는 법이야.
- お前にゃわかんないよ、私の気持なんか。넌 모를 거야. 내 맘 같은 건.
- 諦めるにゃちょっと早すぎるよ。포기하긴 좀 일러.

れは → りゃ

- おりゃな、元々そういう性格だよ。난 말야, 원래 그런 성격이야.
- こりゃ、大変だ。이거 큰일이네.
- そりゃ、ひどいね。그건 너무하네.

～なんて

～なんては ～なんか와 같은 표현으로 '～따위, ～같은 것'이라는 뜻. なんか는 명사에 붙어 '～따위, ～같은 것'이라고 해석하지만, なんて는 명사와 동사에 붙을 수 있고 명사의 경우 なんか와 똑같이 '～따위, ～같은 것'이라고 해석하고 동사에 붙을 경우 '～다니, ～라니, ～라는' 등의 뜻이 있다.

- 学校なんか行きたくないよ。＝ 学校なんて行きたくないよ。학교 따위 가고 싶지 않아.
- お前なんかきらいだ。＝ お前なんてきらいだ。너 같은 거 너무 싫어.
- 一人で行くなんてひどいですよ。혼자서 가다니 너무합니다.
- 先に食べたなんて、一緒に食事するって約束したじゃない。
  먼저 먹었다니 같이 식사한다고 약속했잖아.
- 明日、行けないなんて、言うなよ。내일 못 간다는 말 따위는 하지 마.
- もう春だなんて。벌써 봄이라니.

元気

1. 기력, 기운
   - 元気がいい。원기가 좋다.
   - 元気を出す。기운을 내다.

2. 건강함, 활발함
   - お元気ですか。안녕하세요?
   - 元気な子供。건강한(활발한) 아이.

体裁

1. 외관, 겉모양, 외양
   体裁のよい身なり 보기 좋은 옷차림

2. 체면, 남의 이목, 남의 눈에 비친 자기의 모습
   体裁を気にする人 체면을 신경 쓰는 사람

3. 체재, 갖추어야 할 형식·모양
   やっと会社としての体裁が整った。겨우 회사로서의 체재가 갖추어졌다.

4. 빈말
   お体裁を言うのはよしなさい 빈말일랑 그만두세요.

알아두면 **힘!!!**

외래어는 가타카나로 표기되는데, 가장 헷갈리는 부분이 바로 장음부호의 위치이다. 다음은 영어 철자를 통해 파악할 수 있는 가장 간단한 장음부호의 위치 파악법이다.

[-or]

エスコート [escort]	アンコール [encore]	レポーター [reporter]
ワード [word]	ワースト [worst]	スポーツ [sports]
カラー [color]	ワールドシリーズ [World Series]	
コーナー [corner]	サポーター [supporter]	

[-ar]

カーペット [carpet]	アパート [apartment house]	バー [bar]
パーティー [party]	スマート [smart]	マーク [mark]
クリアー [clear]	シュガー [sugar]	ハード [hard]

[-w]

ニュースショー [news show]	ショーウィンドー [show window]
インタビュー [interview]	レビュー [review]

[-y]

アイロニー [irony]	リレー [relay]	レディー [lady]
コピー [copy]	カテゴリー [category]	アレルギー [allergy]
アクセサリー [accessory]	エコノミー [economy]	キー [key]
ウイスキー [whisky]	エネルギー [energy]	エントリー [entry]
ストロベリー [strawberry]	スプレー [spray]	サラリー [salary]
アイボリー [ibory]	セクシー [sexy]	セキュリティー [sesurity]
セレモニー [ceremony]	モンキー [monkey]	パーティー [party]
テレパシー [telepathy]	アカデミー [academy]	

東京ラブ・ストーリー
とう きょう

도쿄 러브스토리 (1991년)

주연 스즈키 호나미(鈴木保奈美) 오다 유지(織田裕二) 아리모리 나리미(有森也実)

시놉시스 순수하고 마음 따스한 시골 청년 간지(오다 유지)는 항상 밝고 자기 일을 똑부러지게 하는 타입. 그는 도쿄로 발령을 받는데, 새로운 생활에 잘 적응하지 못하는 그를 같은 회사에 근무하는 아카네 리카(스즈키 호나미)가 많은 도움을 준다. 리카는 간지를 마음에 두고 있다. 그런데 간지의 마음 속에는 사토미라는 여성이 자리하고 있다. 한편 사토미는 간지의 동급생인 미카미를 짝사랑한다. 서로 엇갈리는 사랑과 이별을 주제로 젊은 남녀들의 사랑을 그린 드라마.

TAKE SCENE

여러 가지로 도움을 주는 리카에게 한턱낸다고 약속한 간지. 하지만 갑자기 첫사랑에게서 전화가 걸려오자 간지는 그녀에게 가 버린다. 늦게 약속장소에 와 보니 아직 리카는 기다리고 있었고, 와 줘서 고맙다고 운다. 다음 날, 머쓱해진 간지 앞에 오히려 밝은 모습으로 나타나는 리카.

바로 이 장면 찾아서 보기

제3화 | 전반부

かんじ：俺、さ、ぶん殴られんじゃないかって焦ってたんだけど。
　　　　おれ　　　　　　　なぐ　　る　　　　　　　あせ　　ていた　の

りか　：ぶん殴ろうか。
　　　　　　なぐ

かんじ：え?

りか　：ぶん殴って、蹴っ飛ばして、絶交して、それで気持ちくるり回れ右して元気になるんならとっくにそうしてる。
　　　　　　なぐ　　　　け　と　　　　　　ぜっこう　　　　　　　　　　　　も　　　　　まわ みぎ　　げんき　　の　　　　　　　　　ている

간지 : 나 말야, 얻어터지지 않을까 하고 초조해하고 있었는데.

리카 : 패 줄까?

간지 : 뭐라고?

리카 : 두들겨 패고, 발로 차고, 절교하고, 그래서 기분이 180도로 돌아 밝아진다면 벌써 그렇게 했어.

ぶん殴(なぐ)る 후려갈기다, 냅다 갈기다, ぶちなぐる의 속어 | 焦(あせ)る 조바심하다, 안달하다, 초조하게(조급하게) 굴다 | 蹴(け)っ飛(と)ばす (발로) 차서 날려 버리다 | 絶交(ぜっこう) 절교 | くるり 빙글(별안간 도는 모양) | 回(まわ)る 돌다, 회전하다 | 右(みぎ) 오른쪽 | とっくに 이미, 벌써, 훨씬 예전에

드라마에서 뽑은
실제로는 이렇게 말한다!

회화에서 강조할 때는 단어의 일부를 촉음(っ) 또는 ん으로 바꾸거나 추가해서 표현하는 경우가 많다. 하지만 ぶち처럼 그 뜻에 강조하는 의미가 포함되어 있는 것은 동사 앞에 접두어 식으로 붙여서 사용한다. ぶち가 ぶっ 또는 ぶん으로 표현되는 것은 뒤에 오는 동사를 발음할 때 편하게 하기 위한 경우와 ぶち를 한번 더 강조한 표현이라고 생각하자. 동사 강조에 쓰이는 말로는 ぶち(ぶっ, ぶん)・ひき(ひっ)・ふき(ふっ)・つき(つっ)・うち・おい(おっ)・おす(おっ)・かき(かっ)・すき(すっ) 등이 있다.

ぶち → ぶっ・ぶん

동사 앞에 붙어 그 동사의 표현을 거세고 거칠게 표현하고 주로 폭력적인 동사에만 붙이는 경향이 있다.

- 殺す　　→　ぶち殺す　　→　ぶっ殺す 때려 죽이다, 쳐 죽이다.
- 倒す　　→　ぶち倒す　　→　ぶっ倒す 냅다(확) 쓰러뜨리다.
- 殴る　　→　ぶち殴る　　→　ぶん殴る 후려 갈기다, 냅다 갈기다.
- 飛ばす　→　ぶち飛ばす　→　ぶっ飛ばす (거칠게) 멀리 날려보내다, 호되게 때리다.
- 潰す　　→　ぶち潰す　　→　ぶっ潰す 거세게 찌그러뜨리다.
- 倒れる　→　ぶち倒れる　→　ぶっ倒れる 갑자기 냅다(확) 쓰러지다.
- つける　→　ぶちつける　→　ぶっつける 부딪히다, 냅다 던지다, 던져 맞히다.
- かける　→　ぶちかける　→　ぶっかける 세차게 끼얹다, 마구 뿌리다.
- たまげる →　ぶちたまげる →　ぶったまげる 혼비백산하다, 질겁하다, 기겁하다.
- 投げる　→　ぶち投げる　→　ぶん投げる 냅다 던지다, 내동댕이치다.
- 取る　　→　ぶち取る　　→　ぶんどる 빼앗다, 탈취하다.

ひき → ひっ

동사 앞에 붙어 그 의미・어조를 강하게 하는 말.

- つかまえる(쥐다, 잡다) → ひきつかまえる → ひっつかまえる(거머쥐다, 거머잡다)
- かく(긁다)　　　　　　→ ひきかく　　　　→ ひっかく(할퀴다)
- くるめる(말다)　　　　→ ひきくるめる　　→ ひっくるめる(뭉뚱그리다)
- はたく(때리다)　　　　→ ひきはたく　　　→ ひっぱたく(세게 때리다)

彼は勢いよく犯人の胸倉をひっつかまえた。(그는 기세 좋게 범인의 멱살을 거머잡았다.)

드라마에서 **뽑은**

실제로는 이렇게 말한다!

吹く → ふっ

동사 ふく의 ます형 ふき가 ふっ으로 변한 말로, 동사에 붙어 힘차게 그 동작을 하는 뜻을 나타냄.

- 飛ぶ(날다)　　　　　　　→ ふき飛ぶ　　　→ ふっ飛ぶ(휙 날아가다, 갑자기 날아가다)
- 飛ばす(날아가게 하다)　→ ふき飛ばす　→ ふっ飛ばす(세차게 날려버리다)
- 切る(끊다)　　　　　　　→ ふき切る　　　→ ふっ切る(깨끗이 잘라버리다)
- 切れる(끊어지다)　　　　→ ふき切れる　→ ふっ切れる(뚝 끊어지다)

思いっきり歌ってたら、ストレスがふっ飛んじゃったよ。
(실컷 노래했더니 스트레스가 확 날아가버렸어.)

突き → つっ

동사 つく의 ます형 つき가 변한 말로, 동사에 붙어 그 동사의 뜻이나 어조를 강조하는 말.
'마구 ~하다, 냅다 ~하다'의 뜻.

- つく(찌르다)　　　　　　→ つきつく　　　→ つっつく(쿡쿡 찌르다)
- 走る(달리다)　　　　　　→ つき走る　　　→ つっ走る(냅다 달리다)
- こむ(들어차다)　　　　　→ つきこむ　　　→ つっこむ(깊이 파고들다)
- たつ(서다)　　　　　　　→ つきたつ　　　→ つったつ(우뚝 서다, 힘차게 일어나다)
- はねる(거절하다)　　　　→ つきはねる　→ つっぱねる(딱 잘라 거절하다)
- かける(작용을 가하다)　→ つきかける　→ つっかける(세게 부딪치다, 갑자기 먼저 덤비다)

追う → 追い → おっ

어세를 강조함.

- かける(작용을 가하다)　→ おいかける　→ おっかける(뒤쫓아가다)
- 払う(제거하다)　　　　　→ 追い払う　　→ 追っ払う(쫓아내다, 쫓아버리다)
- 立てる(세우다)　　　　　→ 追い立てる　→ おっ立てる(내쫓다, 내몰다, 몰아내다)

40

실제로는 이렇게 말한다!

素っ
<su>

명사, 동사, 형용동사에 붙어 뒤에 오는 말을 강조함.

- 素っ裸 알몸
- すっからかん 빈털털이
- すっ飛ぶ 냅다 뛰어가다
- すっとぼける 시치미를 딱 떼다

押す → 押し → おっ

동사에 붙어 어세를 강조함. 냅다, 꽉, 세차게.

- おっぱじめる 즉시 시작하다
- おっかぶせる 푹 덮어씌우다
- おったまげる 혼비백산하다
- おっぱなす 확 놓아버리다

打つ → 打ち

동사 앞에 붙어 뜻을 강조하거나 어조를 고름.

- うちしおれる (좌절감 등으로) 아주 기가 죽다, 풀이 죽다
- うち壊す 부수다
- うちよせる (수많은 사람들이나 파도가) 밀려오다, 밀어닥치다
- うち殺す 죽이다, 때려죽이다, 쳐죽이다
- うちかつ 이기다, 무찌르다

41

12 HERO 히어로 (2001년)

주연 기무라 다쿠야(木村拓哉) 마쓰 다카코(松たか子) 아베 히로시(阿部寛)

시놉시스 항상 청바지에 점퍼 차림인 구리유 고헤이는 예전에 소년원에까지 갔던 불량 청소년이었다. 중졸 검정고시 합격 후 사법시험을 공부해 지금은 검사가 되었다. 출세나 명예를 위한 사건 해결이 아닌 순수한 마음으로 사건에 임하는데, 출세하려 노력하는 아마미야 마이코는 아주 사소한 것까지 일일이 확인하며 경찰들처럼 뛰어다니는 그를 이해할 수 없으면서도 점점 마음이 끌린다.

TAKE SCENE

새로 부임한 고헤이는 첫번째로 속옷 도둑 사건을 담당하게 된다. 피해자의 증언을 들으러 갔다가 이야기가 잠시 옆길로 샌다. 갑자기 표정이 어두워진 고헤이에게 증인들이 왜 그러냐고 묻자, 얼마 전 통신판매로 산 물건을 서비스로 모든 사람에게 한 대씩 선물로 준다는 이야기를 한다.

公平 ：夜テレビ見てたらもれなくもう一台プレゼント。

女の人 ：ありがち。

公平 ：だったら最初から渡せってことでしょ？

チョー ブルー入ったもん。

女の人 ：でもさ、二つあってもしょうがないじゃん。

고헤이 ： 저녁 텔레비전 봤더니 빠짐없이 한 대 더 선물한다고.
여자 ： 자주 있는 일이야.
고헤이 ： 그렇다면 처음부터 주란 말이지? 짱 기운빠졌는걸.
여자 ： 하지만 말야, 두 대 있어도 쓸 모없잖아.

바로
이 장면
찾아서 보기

제3화 | 전반부

 단어

もう 1 이미, 벌써, 이제, 2 더, 그 위에 | 一台(いちだい) 한 대 | プレゼント 선물 | だったら 그렇다면, 그랬다라의 줄임말 | 最初(さいしょ) 최초, 맨 처음 | もれる [漏れる・洩れる] 1. 새다, 2. 누설되다, 3. 누락되다, 탈락하다 | がち (명사나 동사의 ます형에 붙어) '그런 일이 많음', '그런 경향이 많음'의 뜻 | ブルー入ってる 기운이 없다, 침울해하다 | しょうがない 어쩔 도리가 없다, 할 수 없다

실제로는 이렇게 말한다!

チョー

원래는 한자의 超(ちょう)에서 온 말로, 명사, 형용사, 형용동사, 동사 등에 붙어 '캡,
짱, 왕' 등으로 해석할 수 있다.

- チョー 安い。굉장히 싸다.(짱 싸다)
- チョーおいしい店を見つけたのよ。짱 맛있는 가게를 찾아냈어.
- チョーカッコイイ男じゃない。캡 멋있는 남자잖아.
- チョー美人に会えた。짱 미인을 만났어.
- チョー真面目に働いてるね。캡 열심히 일하고 있네.
- チョーつかれた。왕 피곤하다.

ど

1. (명사, 형용사에 붙어) 정도가 몹시 심함을 나타내는 말로, 본디는 사투리임. 품위 없는
   말씨로 인식되어 있으나, 실제로는 많이 사용됨.

   - どえらい 굉장히 훌륭하다, 몹시 심하다, 엄청나다
   - どぎつい 불쾌해질 정도로 강렬하다
   - どでかい 엄청나게 크다
   - ど真ん中 한가운데, 한복판
   - ど根性 뻔뻔스러울 정도의 억센 근성
   - ど素人 완전 초보
   - ど忘れ 깜빡 잊음, 까맣게 잊음

2. 상대를 업신여기거나 욕하여 이르는 말.

   - どアホ 멍청이
   - どブス 못난이, 추녀
   - どけち 자린고비, 구두쇠
   - どスケベ 호색가

실제로는 이렇게 말한다!

ばく
爆

단어에 첨가되어 그 의미, 어조를 강조하는 경향이 있다.

- 爆笑 폭소
  (ばくしょう)
- 爆睡 잠을 많이 잠
  (ばくすい)

もう
猛

명사에 첨가되어 그 의미, 어조를 강조하는 경향이 있다.

- 猛練習 맹연습
  (もうれんしゅう)
- 猛反対 맹반대
  (もうはんたい)
- 猛スピード 맹스피드
  (もう)

げき
激

1. 일반적인 쓰임
   - 激流 격류 (げきりゅう)
   - 激動 격동 (げきどう)
   - 急激 급격 (きゅうげき)
   - 激励 격려 (げきれい)
   - 激怒 격노 (げきど)
   - 感激 감격 (かんげき)

2. 정도가 심함
   - 激痛 격통(매우 아픔) (げきつう)
   - 激安 엄청 쌈 (げきやす)
   - 激辛 엄청 매움(형용사의 어미 い가 생략된 모양) (げきから)
   - 激うま 엄청 맛있음 (げき)

44

드라마에서 뽑은
실제로는 이렇게 말한다!

ま(真)・まっ・まん

명사, 형용사, 형용동사에 붙여 그 의미, 어조를 강조하는 경향이 있다.

- 夏 여름 → 真夏 한여름
- 冬 겨울 → 真冬 한겨울
- 白 하양 → 真っ白 새하양
- 黒 검정 → 真っ黒 새까망
- 赤 빨강 → 真っ赤 새빨강
- 青 파랑 → 真っ青 새파랑
- 先 먼저 → 真っ先 제일 먼저
- 中 가운데 → 真ん中 한가운데
- すぐ 바로 → 真っすぐ 곧바로
- 四角 사각 → 真四角 정사각
- 正面 정면 → 真っ正面 정면(강조)
- 暗い 캄캄하다 → 真っ暗 아주 캄캄함
- 最中 한창인 때 → 真っ最中 한창인 때(강조)
- さら 새것임 → 真っさら 아주 새것인 물건. 그런 모양
- 逆さま 거꾸로임 → 真っ逆さま 위아래가 완전히 거꾸로임
- さかり 한창때 → 真っさかり 한창, 한창때(강조)
- 裸 알몸 → 真っ裸 알몸
- 丸 둥근것 → 真ん丸 완전히 둥근것
- 丸い 동그랗다 → 真ん丸い 아주 동그랗다
- 新しい 새롭다 → 真新しい 아주 새롭다
- 前 앞 → 真ん前 정면, 바로 앞

45

실제로는 이렇게 말한다!

手
　て

상태를 나타내는 말. (주로 형용사) 앞에 붙여 어조를 강조하는 경향이 있다.

- 手狭 비좁음
　てぜま
- 手短 간략함
　てみじか
- 手広い 널찍하다
　てびろ
- 手厚い 후하다, 융숭하다
　てあつ
- 手強い 상대하기가 벅차다
　てごわ
- 手ぬるい 처사가 미적지근하다
　て

まじ

주로 형용사에 앞에 붙여 그 의미를 강조하는 경향이 있다.

- まじ重い 너무 무겁다
　　おも
- まじ可愛い 굉장히 귀엽다
　　かわい
- まじ辛い 아주 맵다
　　から
- まじカッコイイ 너무 멋지다

もの

주로 형용사에 붙여 자못 그러하다는 뜻을 나타내는 경향이 있다. 매우, 아주.

- もの珍しい 매우 진귀하다
　　めずら
- ものすさまじい 매우 무시무시하다
- ものすごい 아주 굉장하다

もう

1. 이미, 벌써, 이제 = もはや・すでに

   - もう駄目だ。이제 틀렸다

   - もうここにはいません。이미 이곳에는 없습니다

   - もう遅い。이미 늦다.

2. 더, 그 위에 또 = さらに・なお

   - もう一杯。한 잔 더.

   - もう5人ほど人手が要る。다섯 사람쯤 더 일손이 필요하다.

3. 곧, 머지않아, 이제 = まもなく・やがて

   - もう来るでしょう。곧 오겠지요.

   - もう行かなければならない。이제 가야만 한다.

4. 자기의 판단이나 감정 등을 강조하는 말, 정말

   - そりゃもう上等な品ですとも。그야 정말 훌륭한 물건이고말고요.

がち

(동사의 ます형 또는 명사에 붙어) '그런 일이 많음, 그런 경향이 많음'의 뜻.

- 遅れがちの時計。잘 늦어지는 시계.

- 病気がちの人。병이 잦은 사람.

- なまけがちの人。게으름을 잘 피우는 사람.

- 子供にありがちの行動。아이에게 흔히 있을 법한 행동

- くもりがち。구름이 많음

- 最近、ものを忘れがちだ。요즘 자주 잊어버리는 경향이다.

13 エンジン 엔진 (2005년)

주연 기무라 다쿠야(木村拓哉) 고유키(小雪) 하라다 요시오(原田芳雄)
마쓰시타 유키(松下由樹) 사카이 마사토(堺雅人)
시놉시스 카레이서로 유망주였던 지로는 유럽 쪽에서 성공을 하려고 하지만 그의 불같은 성격 때문에 결국 다시 일본으로 돌아오게 된다. 지로가 외국에 나가 있던 사이에 교사였던 아버지는 퇴직을 하고 보육원 '바람의 언덕'을 열었다. 보육원 아이들과 함께 지내면서 펼쳐지는 갖가지 감동 이야기들.

TAKE SCENE

항상 술에 취해 일도 안 하고 빠징꼬만 해대며 때리는 아버지를 가진 모리오라는 아이는 자기 아버지를 보여 주기 싫어서 지로에게 일부러 길을 잘못 가르쳐 준다. 이것을 눈치챈 지로는……

次郎(じろう) : お前(まえ)の父(とう)ちゃんなんだろ?
他所(よそ)のカッコイイ真面目(まじめ)な父(とう)ちゃんととっかえる

ことなんかできないんだからさ。

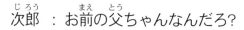

바로
이 장면
찾아서 보기

제3화 | 후반부

지로 : 네 아버지잖아. 다른 멋지고 성실한
아버지와 바꿀 수 있는 건 아니란다.

 단어

父(とう)ちゃん 父(とう)さん을 친근하게 부르는 표현 | 他所 1. 타처, 딴 곳. 2. 남, 남의 집 | カッコイイ 멋있는, 멋진 | 真面目 1. 진지함, 진심임, 진실임. 2. 성실함, 착실함. 회화에서는 속어적인 표현으로 マジ라고 쓰이기도 한다

48

드라마에서 **뽑은**
실제로는 이렇게 말한다!

い단 → っ

복합동사에서 앞 동사의 い단이 촉음(つ)로 바뀌어 발음될 수 있다.

- 取り替える → 取っ替える
- 取り払う → 取っ払う 걷어치우다, 치워버리다, 제거하다, 철거하다
- 蹴り飛ばす → 蹴っ飛ばす 차 날려버리다
- 売り払う → 売っ払う 몽땅 팔아 치우다, 팔아 버리다
- 張り倒す → 張っ倒す 때려 눕히다

드라마 **실용 어휘&표현**

他所

1. 타처, 딴 곳
   - よそ者。타처(타관) 사람.
   - よそへ行く。딴 곳으로 가다.
   - よそを見る。딴 곳을 보다.

2. 남, 남의 집
   - よその国 남의 나라
   - よその子 남의 집 아이

真面目

회화에서는 속어적인 표현으로 マジ라고 쓰이기도 한다.

1. 진지함, 진심임, 진실임
   - 真面目な話。진지한 이야기.
   - 真面目にやれ。진지하게 하라.

2. 성실함, 착실함
   - 真面目な人 성실한 사람
   - 真面目な生活 착실한 생활

14 カミさんなんかこわくない
아내 따위 무섭지 않아 (1998년)

주연 다무라 마사카즈(田村正和) 고히나타 후미요(小日向文世)
시놉시스 딸 부부가 해외전근을 가게 되자, 아내까지 딸을 따라 외국으로 나간다. 우연찮게 혼자 살게 된 모찌즈키에게 외국으로 가버린 딸과 아는 사이라는 묘령의 여인이 찾아와 함께 기거하게 된다. 이와 때를 같이 하여 아내가 도망갔다는 친구, 그리고 바람을 피우다 쫓겨난 친구 두 명이 찾아온다. 이리하여 세 명의 중년 남자와 젊은 미인의 기묘한 동거생활이 시작되는데……

TAKE SCENE

출판기념 파티에서 모찌즈키와 두 친구가 모여 이야기를 나누는 장면으로 드라마가 시작된다.

바로
이 장면
찾아서 보기

제1화 | 시작부분

神戸 : なんだ。そいじゃ一杯も飲んでねぇのか。

望月 : 少しさ、アルコールを慎もうと思ってな。

神戸 : どっか悪いの?

望月 : いや、別に悪かないけどさ、お前も慎んだ方がいいぞ。

간베 : 뭐야, 그럼 한 잔도 안 마신 거야?
모찌즈키 : 알콜을 좀 삼가려고.
간베 : 어디 안 좋아?
모찌즈키 : 아니, 특별히 안 좋은 데는 없지만, 자네도 삼가는 편이 좋다구.

단어

カミさん 아내, 마누라 | 少(すこ)し 조금, 좀, 약간. = わずか・少々(しょうしょう)・やや・ちょっと | アルコール[alcohol] 알코올, 주정(酒精), (俗) 술 | 別(べつ)に 별로, 특별히, 각별히 | 慎(つつし)む 조심하다, 삼가다

それでは의 변형

それでは는 '그럼, 그러면'의 뜻이다. 회화에서는 다음과 같은 형태로 변형되거나 축약되어 쓰인다.

それでは → それじゃ → そいじゃ（ほいじゃ）

そんじゃ（ほんじゃ） → では（じゃ）

- A : 僕は行かないね。난 안 갈래.
- B : そいじゃ、あたしも行かない。그럼 나도 안 갈래.

こ → っ

회화에서 ここ, そこ, どこ의 こ는 촉음으로 변형되는 경향이 있다.

- こっからは私も入れません。여기부터는 저도 들어갈 수가 없습니다.
- 本当にそっからよく見えるの？정말로 거기서 잘 보이니?
- 今、あそっから変な音してませんか？지금 저기서 이상한 소리 나지 않아요?

드라마 **실용 어휘&표현**

慎む

1. 조심하다
   - 言動を慎む 언동을 조심하다
   - 言葉を慎む 말을 조심하다.

2. 삼가다
   - 酒とタバコを慎む 술과 담배를 삼가다
   - 夜更かしを慎む 늦게 자는 것을 삼가다.

15 僕の魔法使い

ぼく　まほう　つか

나의 마법사 (2003년)

주연 이토 히데아키(伊藤英明) 시노하라 료코(篠原涼子) 오구라 고지(大倉孝二)

시놉시스 마치다는 사랑하는 아내와 떨어져 살 수 없다는 이유로, 출세 코스인 해외 파견근무를 거부하고 사표를 낸다. 한편, 아내 루미코는 기억술의 대가 다마치라는 남자와 충돌 사고를 일으킨 이후 초인적인 기억력을 갖게 되는데, 그 능력이 발휘될때마다 다마치라는 남자로 변신하는 해괴한 증상을 보인다. 회사를 그만둔 마치다는 이름만 광고대행업체이지 실상은 심부름센터에 불과한 고키치라는 회사에 취직하는데, 남편을 돕겠다고 나선 아내 루미코. 고키치를 중심으로 벌어지는 유쾌발랄한 코믹드라마.

TAKE SCENE

전화 도중, 루미꼬는 갑자스레 충돌 사건을 일으킨 다마치로 변신하고 마는데, 그 장면을 우연히 보게 된 고키치의 직원 다나베가 놀라서 자신의 여자 친구인 이가와에게 이야기한다. 하지만 이가와는 무심히 컵라면을 먹어대며 대수롭지 않다는 표정이다.

바로
이 장면
찾아서 보기

제5화 | 전반부

井川：ほいで？　ほいで？

田辺：ほいで、振り返ったら、あの田町っておっさんに
変ってたんだよ。

井川：それって怖い話？　面白い話？

이가와 : 그래서? 그래서?
다나베 : 그래서 뒤돌아봤더니, 그 다마치라는 아저씨로 바뀌어 있었어.
이가와 : 그건 무서운 얘기야? 재미있는 얘기야?

振(ふ)り返(かえ)る 뒤돌아보다, 돌아다보다, 돌이켜 생각하다, 회고하다 | 変(かわ)る 변하다, 바뀌다 | おっさん 주로 연소자가 남자 어른을 지칭하는 거친 호칭. おじさん의 구어체 표현 | 怖(こわ)い 무섭다, 두렵다 | 話(はなし) 이야기 | 面白(おもしろ)い 재미있다

52

드라마에서 뽑은

실제로는 이렇게 말한다!

それでの 변형

それでは '그리고, 그래서'라는 뜻으로, 회화에서는 다음과 같은 발음의 변화를 겪는 경우가 있다.

それで → そいで (ほいで) → そんで (ほんで) → んで → で

- A : 昨日、コンパに行ってきたよ。 어제 모임에 갔다왔어.

- B : で、どうだった? 그래서 어땠는데?

드라마 **실용 어휘&표현**

変る

1. 변하다, 바뀌다

   気が変る。 마음이 변하다.

   テレビの番組が変る。 텔레비전의 프로그램이 바뀌다.

2. (変わった, 変わっている의 꼴로) 색다른, 별난, 별스러운, 이상한

   変った形の建物。 색다른 형태의 건물.

   やや変っている人。 좀 별스러운 사람.

16 魔女の条件

まじょ　じょうけん

마녀의 조건 (1999년)

주연　마쓰시마 나나코(松嶋菜々子) 다키자와 히데아키(滝沢秀明) 구로키 히토미(黒木眼)
벳쇼 데쓰야(別所哲也)
시놉시스　처음 교사가 되었을 때는 의욕과 정열이 넘쳤지만 지금은 담당하고 있는 학생들과도 선을 그으며 학교의 행사 같은 것에 관심을 잃고 매일 똑같은 생활에 염증을 느낀 사립고등학교 수학교사 미치. 친구로부터 소개받은 은행원과 교제를 하며 프로포즈에 승낙한다. 그러던 어느날 히카루가 전학 오면서 이야기는 흥미를 더한다. 여선생과 고등학생의 사랑 이야기.

TAKE SCENE

고등학생인 히카루의 장래를 생각해서 헤어지기로 결심한 여선생 미치. 히카루는 여선생 미치와 사랑을 나누는 고등학생 신분인 자신이 사회에서 인정받지 못함을 알고 유학을 간다. 하지만 미치가 임신했다는 소식을 듣고 급히 돌아온 히카루에게 의사가 현재 미치의 상태를 설명한다.

바로
이 장면
찾아서 보기

제3화 | 후반부

医者 ： 意識が戻るのをあまり期待なさらない方がいいと
　　　思います。

光 ： 無理なんだ、やっぱり。自由の国なんかないんだよ。
　　　生きてる限り、行けやしないんだよ。

의사 ： 의식이 돌아오는 것은 그다지 기대하지 않으시는 편이 좋을 겁니다.
히카루 ： 무리야, 역시. 자유의 나라 따윈 없어. 살아 있는 한 갈 수는 없는 거야.

단어

意識(いしき) 의식 | 戻(もど)る 되돌아오다 | あまり 그다지, 별로 | ～なんか ～따위, ～같은것 |
生(い)きる 살다 | なさる 하시다. なす, する의 높임말 | 限り(かぎり) 한, 한계, 끝, 최후, 마지막 |
行(い)ける 갈 수 있다 行(い)く의 가능형

드라마에서 뽑은
실제로는 이렇게 말한다!

は → や

계조사 は가 イ段이나 エ段 뒤에 올 때는, や로 바뀌는 경향이 있다.

- そんなとこに居^いや^はしないよ。그런 곳에 있을 리는 없어.
- このネックレス、もらったんだけど、恥^はずかしくてかけや^はしないよ。
  이 목걸이 받았는데, 챙피해서 걸지는 못하겠어.
- いくら探^{さが}しても、なにも出^でてきや^はしないんだよ。아무리 찾아도 나오지 않아.

강조의 촉음(っ) 추가에 의한 발음 변화

やっぱり는 やはり에 강조를 나타내는 촉음(っ)이 추가된 형태이다. 이 때 촉음이 추가되는 자리는 は, ひ, ふ, へ, ほ의 앞이다. 그리고 촉음이 추가되면 촉음 뒤에 오는 は, ひ, ふ, へ, ほ는 ぱ, ぴ, ぷ, ぺ, ぽ로 바뀌어 발음된다. 이것은 일종의 음편현상으로 발음을 편하게 하기 위한 것이다. 강조의 의미인 촉음(っ)을 첨가시켰으나 やっはり로 발음하는 것보다 반탁음을 붙여 발음하는 것이 훨씬 발음하기 편하기 때문에 일어나는 현상이다.

- やはり　→　やっはり(×)　→　やっぱり(역시)
- よほど　→　よっほど(×)　→　よっぽど(상당히, 무척)

강조의 촉음(っ)으로 변화

위에서는 촉음이 추가되는 경우였다면 이번에는 어떤 특정 발음이 촉음(っ)으로 바뀌면서 강조를 나타내는 현상이다.

- おいはらう　→　おっはらう　→　おっぱらう
- つきはしる　→　つっはしる　→　つっぱしる

55

なさる

하시다

- どれになさいますか。어느 것으로 하시겠습니까?
- どういうことをなさるんです(か)。어떤 일을 하십니까?

限(かぎ)り

1. 한, 한계, 끝
   - 限(かぎ)り無(な)く多(おお)い。한없이 많다.
   - 声(こえ)を限(かぎ)りに叫(さけ)ぶ。목청껏 외치다.

2. 최후, 마지막
   - 今日(きょう)を限(かぎ)りと奮戦(ふんせん)する。오늘을 마지막으로 여기고 분전하다.
   - この日(ひ)を限(かぎ)りに彼(かれ)を見(み)かけたものはいなかった。
     이 날을 마지막으로 그를 본 사람은 없었다.

3. 한도껏, 한껏, 최고
   - 贅沢(ぜいたく)の限(かぎ)り。사치의 극치.
   - できる限(かぎ)りの看護(かんご)をする。온 정성을 다한 간호를 하다.

4. (限りで(は)ない의 꼴로) 그 범위에 들지 않다
   - 彼(かれ)の関知(かんち)する限(かぎ)りではない。그가 관여할 바가 아니다.

5. ～동안에는, ～하는 이상, ～하는 한
   - 仕事(しごと)がある限(かぎ)りは帰(かえ)らない。일이 있는 동안에는 돌아가지 않는다.
   - 君(きみ)の態度(たいど)がかわらない限(かぎ)り、交渉(こうしょう)には応(おう)じられない。
     자네의 태도가 바뀌지 않는 한 교섭에는 응할 수 없다.

6. (시간이나 장소 등에 붙어) 그것으로 끝남, ～만, ～까지
   - その場(ば)限(かぎ)りの話(はなし)。그 자리에서만의 이야기.
   - 申(もう)し込(こ)みは今月末(こんげつまつ)限(かぎ)り。신청은 이 달 말까지.

～はしない

동사 ます형에 붙어 '~는 하지 않는다'의 뜻.

できる(할 수 있다) → できます → できはしない(할 수는 없다)

食べる(먹다) → 食べます → 食べはしない(먹지는 않는다)

忘れる(잊다) → 忘れます → 忘れはしない(잊지는 않는다)

• あなたのこと、ぜったい忘れはしません。(당신을 절대로 잊지는 않겠습니다.)

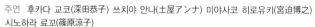

17 下妻物語
しもつまものがたり
불량공주 모모코 (2005년 개봉 영화)

주연 후카다 교코(深田恭子) 쓰치야 안나(土屋アンナ) 미야사코 히로유키(宮迫博之)
시노하라 료꼬(篠原涼子)

시놉시스 모모코에게 가장 중요한 것은 바로 드레스. 거기에 드는 비용은 물론 짝퉁 베르사체를 파는 아빠에게서 빼내는 것. 그러던 어느날 아빠는 갑자기 실직을 하고, 드레스 구입비를 감당할 수 없게 되자 모모코가 직접 짝퉁 베르사체를 팔기 시작한다. 광고를 보고 찾아온 첫 번째 손님 이찌고. 우연찮게 한패가 되어 자금을 마련하기 위해 빠찡코로 간다. 모모코의 드레스 사수 작전은 성공할 것인가?

TAKE SCENE

이찌고를 따라 처음으로 빠칭코에 간 모모코는 우연찮게 대박을 터뜨린다. 돈이 더 필요한 이찌고는 또 빠징코를 하러 가자고 모모코를 설득하는데…….

바로
이 장면
찾아서 보기

영화 | 중반부

イチゴ：お前にパチンコの神様が宿ってる。

モモコ：そんなの宿ってないって。

イチゴ：やるっきゃねぇよ。

モモコ：やめて、放して。

이찌고 : 너에겐 빠징코의 신이 깃들어 있어.
모모코 : 그런 거 없어.
이찌고 : (빠징코를) 하는 수밖에 없어.
모모코 : 그만해, 놔.

실제로는 이렇게 말한다!

しか → っきゃ

しかが っきゃ로 바뀌어 표현되는 경우도 있다.

- やっぱり、これっきゃない。 역시 이것밖에 없어.

- やると言ったらやるっきゃないでしょ。 한다고 했으면 하는 수밖에 없잖아요.

- 行きたくはないけど、行くっきゃないじゃない。
  가고 싶지는 않지만, 가는 수밖에 없잖아

- 苦い薬だけど、体にいいから飲むっきゃない。
  쓴 약이지만 몸에 좋으니까 먹는 수밖에 없다.

드라마 실용 어휘&표현

放す

1. 풀어놓다, 놓아주다

   つかまえた鳥を放してやった。 잡은 새를 놓아주었다.

   魚を川に放す。 물고기를 강에 놓아주다.

2. (잡고 있던 것을) 놓다

   ロープから手を放す。 밧줄에서 손을 놓다.

   母は手をつかんで放さない。 어머니는 손을 붙잡고 놓지 않는다.

18 スァの恋 스타의 사랑 (2001년)

주연 후지와라 노리카(藤原紀香) 구사나기 쓰요시(草なぎ剛) 가쓰무라 마사노부(勝村政信)
후루타 아라타(古田新太)
시놉시스 어렸을 때부터 스타로 키워져 세상물정이나 고생을 전혀 모르고 자란 명실상부한 최고의 톱스타 히카루코. 산마르코햄의 판촉과에 다니는 평범한 회사원 초스케는 좋아하는 여자에게 고백하기까지 7년이나 시간이 걸릴 정도로 순박한 남자다. 대스타와 평범한 남자의 현대판 노팅힐.

TAKE SCENE

열이 심한 초스케는 침대에 누워 회사에 전화를 건다.

바로
이 장면
찾아서 보기

제1화 | 전반부

草介 : 所長、すいません。風邪で熱出しちゃいまして。

所長 : えっ？ 何度あるんだよ。

草介 : さぁ、家に体温計がなくて。

所長 : 会社に体温計あるよ。今日、在庫整理だから休むな。

초스케 : 소장님, 죄송합니다. 감기로 열이 나
       버려서요.
소장 : 뭐라구? 몇 도야?
초스케 : 글쎄요, 집에 체온계가 없어서.
소장 : 회사에 체온계 있어. 오늘 재고정리
       니까 쉬지 마.

風邪(かぜ) 감기 | 熱(ねつ) 열, 열기, 더위, 열의(熱意), 열성, 흥분된 마음 | 何度(なんど) 몇 도 | 休(やす)む 쉬다 | さあ 1. 남에게 권유하거나 재촉할 때 하는 소리, 자, 어서, 그럼(= さ) 2. 다급하거나 곤란하거나 놀라거나 기쁘거나 할 때 하는 소리, 야아 (이것), 자 (이것) 3. 판단을 망설일 때 하는 소리, 글쎄

실제로는 이렇게 말한다!

てしまう → ちゃう / でしまう → じゃう

'동사 て형 + しまう'의 꼴로 '~해 버리다, ~하고 말다'의 뜻. 즉 ① 말하는 이의 분함, 곤란함, 억울함, ② 완료 등의 뜻을 나타내는데, 이렇게 축약되어 쓰이기도 한다. 과거형은 '~ちゃった, ~じゃった'.

- 一晩でこの本を読んじゃった。하룻밤에 이 책을 다 읽어 버렸다
- 用事を忘れちゃった。용건을 (완전히) 잊어버렸다
- 死んじゃえばそれまでだ。죽어 버리면 그뿐이다
- お金を盗まれちゃった。돈을 도난당하고 말았다
- 早く食べちゃいなさい。빨리 먹어 버려요.
- 行けないって言っちゃえばいいじゃない? 못 간다고 말해 버리면 되잖아.

드라마 실용 어휘&표현

すみません

사과, 감사, 부탁의 뜻을 모두 가짐.

- どうもすみません。정말 죄송합니다.(사과)
- こんな高価な物を頂いてすみません。이런 비싼 것을 주셔서 고맙습니다.(감사)
- あのう、すみません。トイレはどこでしょうか。저어, 실례합니다. 화장실이 어디죠?(부탁)

* 회화체에서는 すいません으로 말하는 경향이 있다.

19 踊る大捜査線
おど だい そう さ せん
춤추는 대수사선 (1997년)

주연 오다 유지(織田裕二) 야나기바 도시로(柳葉敏郎) 후카쓰 에리(深律絵里)

시놉시스 영업사원 아오시마는 회사에서의 자신의 존재에 회의를 느끼고, 사회를 지키는 형사가 되기로 결심, 과감하게 사표를 낸다. 천신만고의 노력 끝에 발령받은 경시청 강력계. 하지만 거기에도 일반사회와 똑같은 모순들로 가득하다. 다양한 얼굴을 가진 형사들 속에서 정의사회를 구현하려는 아오시마의 이야기가 흥미진진하게 펼쳐진다.

TAKE SCENE

형사가 되기 위해 아오시마가 면접 테스트를 받는 장면. 범죄자를 모의 심문하는 아오시마.

바로
이 장면
찾아서 보기

제1화 | 전반부

あおしま は てしまえ まえ という ぜんぶ
青島 : 吐いちまえ。お前がやったってことは全部わかっ

の は だ てしまえ らく
てるんだ。吐き出しちまえば、すぐ楽になるから。

아오시마 : 자백해! 네가 한 일이라는 것은 전부 알고 있어. 자백하면 금방 편해질 테니까.

단어

吐(は)く 1. 뱉다, 토하다, 게우다, 내쉬다 2. 뿜어내다, 내뿜다 3. 토로하다, 말하다 | 全部(ぜんぶ) 전부 |
吐(は)き出(だ)す 토해 내다, 게우다, 내뱉다, 내쉬다 | すぐ 곧. 즉시. 금방 | 楽(らく) 1. 편안함, 안락함 2.
수월함, 쉬움, 용이함 3. 낙, 생활이 넉넉함, 유복함

～てしまう → ～ちまう / ～でしまう → ～じまう

'～てしまう'의 축약표현으로는 '～ちゃう'를 일반적으로 쓰는데, 더 터프하게 표현하려면 '～ちまう'로 표현하면 된다. 단, 이것은 주로 남성이 사용하는 표현으로, 여성은 사용하지 않는 것이 좋다. 명령 표현은 '～ちまえ, ～じまえ', 가정 표현은 '～ちまえば, ～じまえば', 과거 표현은 '～ちまった, ～じまった'.

• え？ もう行っちまうの？ 뭐? 벌써 가는 거야?
• ようし、今日は朝まで飲んじまうぞ。좋았어, 오늘은 아침까지 마셔버리는 거야.
• お前のせいで、遅れちまったじゃねえか。너 때문에 늦어버렸잖아.
• 結局、ばれちまったね。결국 들통나버렸군.

드라마 실용 어휘&표현

吐く

1. 뱉다, 토하다, 게우다, 내쉬다
 • つばを吐く。침을 뱉다.
 • 血を吐く。피를 토하다.

2. 뿜어내다, 내뿜다
 • 煙突から煙を吐く。굴뚝에서 연기를 뿜다.

3. 토로하다, 말하다
 • 弱音を吐く。우는 소리를 하다.
 • 暴言を吐く。폭언을 내뱉다.
 • 本音を吐く。실토하다.

楽

1. 편안함, 안락함
 • 汽車がすいて楽な旅行ができた。
  기차가 비어서 편안한 여행을 할 수 있었다.

2. 수월함, 쉬움, 용이함
 • 楽な計算。쉬운 계산
 • 楽に勝てる相手だ。수월하게 이길 수 있는 상대이다.

3. 낙, 생활이 넉넉함, 유복함
 • 生活が楽になった。생활이 넉넉해졌다.

20 アンティーク〜西洋骨董洋菓子店

안티크〜서양골동양과자점 (2001년)

주연 다키자와 히데아키(滝沢秀明) 시이나 깁페이(椎名桔平) 후지키 나오히토(藤木直人)
고유키(小雪) 에나리 가즈키(えなりかずき) 니시노 다에코(西野妙子)

시놉시스 부잣집 도련님으로 엘리트 코스를 달리던 다치바나는 어느날 갑자기 일을 그만두고 빵집을 차리겠다고 식구들에게 이야기한다. 한편 천재복서였던 에이지와 천재 파티쉐로 불리는 오노. 이 세 사람이 안티크에서 만난다. 우정과 케익에 얽힌 수많은 사연들이 코믹하고 감동스럽게 전개된다.

TAKE SCENE

천재복서 에이지의 눈에 이상이 생기자, 코치는 복싱을 그만두라고 권유한다.

바로
이 장면
찾아서 보기

제1화 | 전반부

エイジ ： やめたくねぇよ、やめたくねぇよ。

会長 ： やめるんだ。

エイジ ： だって他になんにもできることなんかねぇもん。

俺、バカだし……。

会長 ： ま、ボクシングだけが
人生じゃねぇしな。

에이지 ： 그만두고 싶지 않아, 그만두고 싶지
않아.
회장 ： 그만두는 거야.
에이지 ： 하지만 달리 아무것도 할 수 있는 일
따위 없는걸. 나 바보(꼴통)이고…….
회장 ： 뭐, 복싱만이 인생은 아니야.

辞(や)める 사직하다, 사임하다, 그만두다 | 他(ほか)に 딴것, 그 밖, 이외, ~을 제하고 | ボクシング 복싱 | 人生(じんせい) 인생 | だって 상대의 말을 그대로 받아들이지 않고 반론하는 경우에 씀, 그렇지만, 하지만, 그런데, 왜냐면(= でも) | もん (だって・でも 등의 뒤에서) 상대의 비난에 대하여 자기의 주장을 나타냄, ~한 걸 뭐, ~한 걸요, ~한 걸

ない → ねぇ

부정형 반말인 ない는 회화체에서 ねぇ로 바뀔 수 있다. 남성이 자주 쓰며 ない를 좀 거칠게 표현하거나 터프하게 표현할 때 사용한다. 표기는 'ねえ, ねぇ, ねー' 등 어느 것을 써도 된다. 여성들은 귀로는 익히되, 입으로는 익히지 말자.

- 俺も知らねぇんだよ。 나도 몰라.
- お前も行かねぇのに、俺が行くわけねぇじゃん。 너도 안 가는데, 내가 갈 리가 없잖아.
- 今はあんたの顔なんか見たくもねぇよ。 지금은 네 얼굴 따윈 보고 싶지도 않아.
- 腹へった。今日一日ずっとなにも食べてねぇ。 배고파. 오늘 하루종일 아무것도 안 먹었어.

드라마 실용 어휘&표현

だって

상대의 말을 그대로 받아들이지 않고 반론하는 경우에 씀. 그렇지만, 하지만, 그런데, 왜냐면

- だって、お金がないんだもの。 그렇지만 돈이 없는걸 뭐.
- だって、前から欲しかったんだもん。 하지만 전부터 갖고 싶었는 걸.
- だって、あんたがそう言ったじゃない。 그치만 당신이 그렇게 말했잖아.

もん

もの가 변한 말로, 상대편의 비난에 대하여 응석이 섞인 투로 자기의 주장을 나타내기도 함.
~한 걸 뭐, ~한 걸

- だって、まだ子供だもん。 하지만 아직 아이인 걸 뭐.
- でも、きらいなんだもん。 그치만 싫은 걸.
- 私、勉強なんかしたくないもん。 나 공부 따위 하고 싶지 않은 걸.

21 GOOD LUCK!! 굿 럭!! (2003년)

주연 기무라 다쿠야(木村拓哉) 쓰쓰미 신이치(堤真一) 시바사키 고우(柴嘴コウ)
우치야마 리나(内山理名) 구로키 히토미(黒木瞳) 윤손하

시놉시스 어렸을 때부터 하늘을 좋아했던 국제선 여객기의 부조종사 신카이 하지메. 하지만 막상 부조종사가 되어 하늘을 날게 되니 그가 배워야 할 것은 너무나도 많다. 급한 회의가 생겼다며 비행기를 돌리라고 소동을 피우는 승객, 자신의 신분을 앞세워 특혜를 받으려는 승객, 비행기 안에서 일어나는 예기치도 못한 에피소드, 그와 함께 성장해가는 신카이.

TAKE SCENE

승객을 위해 조종석을 나갔던 신카이는 기장인 고다로부터 규칙위반이라고 근신 처분을 받는다. 다시 출근한 신카이에게 근신하는 동안 뭘 배웠냐고 묻지만 하늘을 날 수도 없는데 뭘 배우냐고 화를 낸다. 조종사로서 자격이 없으니 그만두게 하겠다고 말한 고다에게 해고당하느니 차라리 스스로 그만두겠다고 했던 신카이. 정비사 오가와는 그런 그에게 실망했다고 하는데, 다음날 그녀에게 다시 찾아와 결심을 바꾸었다고 고백한다.

바로
이 장면
찾아서 보기

제2화 | 후반부

深海 : 俺さ、明日行ってアイツに頭下げてくるわ。
しゃくだけど、香田に土下座しても俺、
やっぱ空飛びてぇんだ。

신카이 : 나 말이야, 내일 가서 그 녀석에게 사과하고 올 거야(머리 숙이고 올 거야).
화는 나지만 고다에게 엎드려 빌더라도 난 역시 하늘을 날고 싶은걸.

단어

あいつ 저(그) 녀석. 참고 こいつ 이 녀석 そいつ 그 녀석 奴(やつ) 녀석 | 頭(あたま)を下(さ)げる 머리를 숙이다, 절하다, 사과하다, 항복하다 | わ (활용어의 종지형에 붙어) 놀람·영탄·감동·가벼운 주장·결의를 나타냄(여성스러운 말씨) | 土下座(どげざ) (옛날, 귀인 행차 시) 땅에 꿇어앉아 납작 엎드려 절하던 일. 현재는 아주 정중히 사과하거나 간절히 부탁하는 일을 이름 | 飛(と)ぶ 날다 | しゃくだ 화가 나다

실제로는 이렇게 말한다!

やっぱ, ばっか, あんま

구어체에서는 やはり, ばかり, あまり 등의 말이 이렇게 변화하는 경우가 있다. 변화 과정은 다음과 같다.

- やはり → やっぱり → やっぱし → やっぱ(역시)

- ばかり → ばっかり → ばっかし → ばっか(가량, 정도, 쯤, 만, 뿐)

- あまり → あんまり → あんまし → あんま(나머지, 너무, 그다지, 별로)

- やっぱ, こっちがいいよ。역시 이쪽이 좋아.

- あまったのは、こんなのばっかだよ。남은 건 이런 것뿐이야.

- これなら、あんま高いじゃない？ 이거라면 너무 비싸지 않니?

たい → てぇ

구어체에서는 たい가 てぇ로 바뀌는 경우가 있다. たい보다는 더 거칠거나 터프한 표현이 되기 때문에 남성들이 주로 사용한다. てえ, てぇ, てー로 표기 할 수도 있다.

- あ～、なんか食べてぇよ。아～, 뭔가 먹고 싶다.

- 前から行きてぇ行きてぇって言ったじゃない。전부터 가고 싶다 가고 싶다고 말했잖아.

- 本当、お前バカみてぇだな。정말 너 바보 같구나.

- 私も作ってみてぇな。나도 만들어 보고 싶어.

참고 ## ない → ねぇ ／ たい → てぇ
nai　　　nee　　　　tai　　　tee

'nai → nee', 'tai → tee' 처럼 'ai'가 'ee'로 바뀌면 어감이 거칠고 터프해진다.

22 ムコ殿(どの) 데릴사위 (2001년)

주연 나가세 도모야(長瀬智也) 다케우치 유코(竹内結子) 아이바 마사키(相葉雅紀)
스즈키 안쥬(鈴木杏樹) 시노하라 료코(篠原涼子) 아키요시 구미코(秋吉久美子)

시놉시스 인기 싱어송 라이터 사쿠라바 유이치로(桜庭裕一郎)는 잘 생긴 얼굴과 터프함이 매력이라는 평을 받고 있다. 팬들은 그의 무대 매너와 노래에 열광하고, 잡지에서는 안기고 싶은 남자 넘버원이다. 하지만 그의 진짜 모습은 사투리에 덜렁대고 말많은 것. 그런 사실은 그의 연인인 사쿠라만이 알고 있는데……. 대스타와 평범한 여성의 결혼이라는 화제가 몰고 오는 다양한 불협화음을 타개할 해결책은 무엇인가?

TAKE SCENE

인기스타 사쿠라바 유이치로가 결혼하겠다고 사쿠라의 집에 인사를 오고, 그로 인해 그의 진면목을 알게 된 료와 그의 친구. 친구는 료의 이모가 라디오국에서 일하는 것을 알고는 같은 업계이니 콘서트 티켓을 구할 수 없겠냐고 물어오는데…….

바로
이 장면
찾아서 보기

제1화 | 중반부

亮(りょう) : 桜庭(さくらば)? だっせぇ～。

友達(ともだち) : ださくないよ。クールでかっこいいじゃん(ない)。

亮(りょう) : 本当(ほんとう)はださいん(の)だよ。

료 : 사쿠라바? 촌시려.
친구 : 촌스럽지 않아. 쿨하고 멋지잖아.
료 : 사실은 촌스러워.

 단어

ださい (俗) 촌스럽다. 멋없다 | クール [cool] 쿨, 시원함 | 本当(ほんとう) 사실, 진실, 정말임, 올바름, 참됨, 진짜임 | かっこいい 멋있다

68

い형용사 회화체

い형용사를 회화체로 바꾸면 터프하거나 거친 표현이 된다. 따라서 여성은 잘 사용하지 않는다. 만드는 방법은 아주 간단한데, 예를 들면 다음과 같다.

【すごい → すげー(대단하다, 굉장하다)】

맨 뒤에서 두 번째 글자를 エ단으로 바꾸고, 마지막 글자 い는 장음으로 바꾼다. 표기는 すげぇ, すげえ 등으로도 한다.
더 강조해서 말하고 싶을 때는 っ나 ん을 사용하여 すっげぇ, すんげぇ 등으로 발음하기도 한다.

【공식1　あ段 + い → ai → ee】

- ない → ねぇ 없다
- ださい → だせぇ 촌스럽다
- 怖い → こえぇ 무섭다, 겁나다
- うまい → うめぇ 맛있다
- 辛い → かれぇ 맵다
- 少ない → すくねぇ 적다
- 近い → ちけぇ 가깝다
- うるさい → うるせぇ 시끄럽다
- 短い → みじけぇ 짧다
- すまない → すまねぇ 미안하다
- 柔らかい → やわらけぇ 부드럽다
- でかい → でけぇ 크다
- せまい → せめぇ 좁다
- ちいさい → ちいせぇ 조그맣다

- きたない → きたねぇ 지저분하다, 더럽다
- 若い → わけぇ 젊다
- 弱い → よえぇ 약하다
- 甘い → あめぇ 달다
- 痛い → いてぇ 아프다
- 冷たい → つめてぇ 차갑다
- 早い → はえぇ 빠르다
- 長い → なげぇ 길다
- 高い → たけぇ 높다, 비싸다
- ありがたい → ありがてぇ 고맙다, 감사하다
- 固い → かてぇ 딱딱하다
- あぶない → あぶねぇ 위험하다
- 重たい → おもてぇ 무겁다
- ちっちゃい → ちっちぇ 쬐그맣다

- あったかい → あったけぇ 따뜻하다
- 細かい → こまけぇ 잘다, 자세하다, 꼼꼼하다, 세심하다
- やばい → やべぇ 좋지 않은 상황이 예측되는 모양. 위험하다
- 臭い → くせぇ 구리다, 역한 냄새가 나다, 의심스럽다, 수상쩍다

【공식2 お段 + い → oi → ee】

- しつこい → しつけぇ 끈질기다
- 凄^{すご}い → すげぇ 굉장하다, 대단하다
- 酷^{ひど}い → ひでぇ 심하다, 너무하다

- 面白^{おもしろ}い → おもしれぇ 재미있다
- 遅^{おそ}い → おせぇ 늦다
- 細^{ほそ}い → ほせぇ 가늘다, 좁다

【기타】

- 悪^{わる}い → わりい 나쁘다
- 暑^{あつ}い → あちぃ 덥다
- 寒^{さむ}い → さみぃ → さめぇ → さむー 춥다
- 痛^{いた}い → いてぇ 아프다 → いてっ 아파 → いてててて 아파, 아파, 아파
- うるさい → うるせぇ 시끄럽다 → うるさいっ 시끄러 → うっせぇ 시끄러
- ださい → だっさい 촌스럽다 → だっせぇ 촌시려 → だっせ 촌시려

회화체의 변신

회화체에서는 다음의 일곱 개 발음, 즉 ら, り, る, れ, に, な, の, ない 등이 ん으로 대체될 가능성이 높다. 각각의 예를 살펴보자.

【ら → ん】

- わからない → わかんない 모른다
- たまらない → たまんない 참을 수 없다
- 止^とまらない → 止^とまんない 멈추지 않는다
- 謝^{あやま}らない → 謝^{あやま}んない 사과하지 않는다

【り → ん】

- たりない → たんない 부족하다
- 早^{はや}く帰^{かえ}りなさい → 早^{はや}く帰^{かえ}んなさい。 빨리 돌아가거라.
- 早^{はや}く上^あがりなよ → 早^{はや}く上^あがんなよ。 어서 들어오너라

70

실제로는 이렇게 말한다!

【る → ん】

• 何^{なに}するの? → 何^{なに}すんの? 뭐 해?

• どこ見^みてるの? → どこ見^みてんの? 어딜 보고 있어?

【れ → ん】

• 見^みせてくれない? → 見^みせてくんない? 보여 주지 않을래?

• それじゃ、さよなら。 → そんじゃ、さよなら。 그럼, 안녕!

【に → ん】

흔히 조사 に가 ん으로 바뀐다.

• その話^{はなし}、駄目^{だめ}になった。 → その話^{はなし}、駄目^{だめ}んなった。 그 이야기, 소용없게 됐어.

【な → ん】

• あなた(당신) → あんた(너) *な는 이것만 외워두면 된다.

【の → ん】

• 何^{なに}するのですか? → 何^{なに}するんですか? 뭐 하는 겁니까?

• いいもの。 → いいもん。 좋은 것.

• あの時^{とき}に → あん時^{とき}に 그 때

• ここのところ → ここんとこ 요즘

【ない → ん】

• 知^しらない → しらん。 몰라.

• そうじゃない? → そうじゃん。 그렇잖아.

23 Over Time 오버 타임 (1999년)

주연 소리마치 다카시(反町隆史) 에스미 마키코(江角マキコ) 기무라 요시노(木村佳乃)
가토 하루히코(加藤晴彦) 이토 히데아키(伊藤英明) 니시다 나오미(西田尚美) 이시다 유리코(石田ゆり子)
시놉시스 나쓰키와 하루코, 후유미는 노처녀 친구들이다. 새해 맞이 여행으로 홋카이도에 온 세 친구. 하루코와 후유미는 정신 없이 놀러 다니고 혼자 호텔방에 남은 나쓰키는 식사 그릇을 호텔 복도에 두려다가 방문이 잠겨 속옷 바람으로 호텔 복도에 서게 된다. 옆방의 소이치로가 목욕가운 차림으로 잠깐 문을 열었다가 나쓰키를 보고는 사정을 이해하고 도와주려다 역시 같은 신세가 된다. 이 둘의 사랑은……?

TAKE SCENE

우연히 만난 두 사람. 소이치로가 나쓰키를 위로하려고 헬기에 태운다. 갑자기 헬기 뒷편에 불이 나자 당황해하는 나쓰키. 침착한 척하지만, 어쩔 줄 몰라하며 조종대를 잡고 있는 소이치로. 나쓰키는 오늘로 두 번째 만난 너 따위와 죽고 싶지 않다며 패닉상태가 된다. 하지만 곧 마음을 가다듬고 면허 언제 땄냐고 소이치로에게 묻자, 아까 면허증 받는 거 못 봤냐고 되묻는다. 더욱더 불안해진 나쓰키…….

바로
이 장면
찾아서 보기

제1화 | 후반부

夏樹 　：え？ 免許とりたてなのに私を乗せたの？

宗一郎：ああ。 そうそう。

夏樹 　：とんでもない。

　　　　なんでそんな大事なこと、最初に言わないのよ。

宗一郎：危ない。 最初に言ったら乗んないでしょ。

나쓰키 : 뭐? 이제 막 면허 따고 나를 태운 거야?
소이치로우 : 아아, 그래, 맞어.
나스키 : 황당하네. 왜 그런 중요한 걸 애초에 말하지 않은 거야?
소이치로우 : 위험해! 처음에 말하면 안 탈 거잖아.

단어

免許(めんきょ) 면허 免許をとる 면허를 따다 | 乗(の)せる 태우다 | なんで 왜, 어째서 | 大事(だいじ) 대사, 큰일, 중대사, 중요함, 소중함 | 危(あぶ)ない 위험하다, 위태롭다 | 最初(さいしょ)に 처음에, 애초에

ら → ん

구어체에서 ら가 ん으로 바뀌어 발음되는 경향이 많다.

- あっ、それ、触(さわ)らないで。 앗, 그거 만지지 마.
- 私(わたし)、絶対(ぜったい)、あの人(ひと)みたいにはならないから。 나 절대로 저 사람처럼은 안 될 테야.
- あ〜 全然(ぜんぜん)わからないよ、この問題(もんだい)。 아! 전혀 모르겠어, 이 문제.
- あんたも知(し)らないでしょ？ 너도 모르지?
- ここは昔(むかし)と変(か)わらないね。 여기는 옛날과 바뀐 게 없네.
- これじゃ、入(はい)らないよ。 이래서는 안 들어가.

〜たて

동사 연용형에 붙어 어떤 동작이 끝난 직후임을 뜻함.

- 焼(や)きたてのパン 갓 구운 빵
- 作(つく)りたて 방금 만든 것
- 揚(あ)げたての天(てん)ぷら 방금 튀긴 튀김
- ペンキ塗(ぬ)りたてにつき注意(ちゅうい)。 칠 주의
- たきたてのご飯(はん)が一番(いちばん)おいしい。 막 지은 밥이 제일 맛있다.
- うみたての卵(たまご)は新鮮(しんせん)でおいしい。 방금 낳은 계란은 신선하고 맛있다.

24 星の金貨 <ruby>星<rt>ほし</rt></ruby>の<ruby>金貨<rt>きんか</rt></ruby> 별의 금화 (1995년)

주연 사카이 노리코(酒井法子) 오사와 다카오(大沢たかお) 다케노우치 유타카(竹野内豊)
시놉시스 홋카이도에 의사로 온 슈이치를 짝사랑하는 아야. 고백을 받아들인 슈이치는 동경에 갔다 와서 결혼식을 올리자고 아야와 약속을 하고 떠나지만 사고가 나는 바람에 기억상실증에 걸린다. 슈이치를 기다리다 지친 아야는 도쿄까지 슈이치를 찾으러 왔다가 그의 동생인 다쿠미를 만나게 되고, 묘하게 그녀에게 끌리는 다쿠미. 청각장애자인 아야와 슈이치, 다쿠미 두 형제 사이에 벌어지는 사랑 이야기.

TAKE SCENE

다쿠미는 처음보는 아야에게 자꾸 신경이 끌리고 급기야 소매치기를 잡는 것까지 도와주게 된다.

<ruby>拓巳<rt>たくみ</rt></ruby>：<ruby>返<rt>かえ</rt></ruby>してやんなよ。

<ruby>泥棒<rt>どろぼう</rt></ruby>：<ruby>何<rt>なに</rt></ruby>をだよ。

<ruby>拓巳<rt>たくみ</rt></ruby>：とった<ruby>ん<rt>の</rt></ruby>だろう、<ruby>彼女<rt>かのじょ</rt></ruby>の<ruby>財布<rt>さいふ</rt></ruby>。

<ruby>泥棒<rt>どろぼう</rt></ruby>：<ruby>知<rt>し</rt></ruby>ら<ruby>ねぇ<rt>ない</rt></ruby>よ。

바로
이 장면
찾아서 보기

제2화 | 후반부

다쿠미 : 돌려줘라.
도둑 : 뭘 말야?
다쿠미 : 훔쳤잖아, 그녀의 지갑.
도둑 : 몰라.

단어

返(かえ)す 되돌리다, 돌려주다 | やる (상대에게) 주다 | とる 가지다, 들다, 잡다, 훔치다(다양한 뜻에 대해서는 오른쪽 페이지 참조) | 彼女(かのじょ) 1. 그녀, 그 여자, 저 여자 2. (어떤 남성의) 애인, 연인 | 財布(さいふ) 돈지갑 | 知(し)らない 모르다

74

실제로는 이렇게 말한다!

り → ん

구어체에서 り가 ん으로 바뀌어 발음되는 경향이 많다. 특히 り 뒤에 な가 있을 때 바뀌는 경향이 강하다.

- お帰んなさい。어서 오세요. ・上がんなよ、早く上がんなよ。들어와, 빨리 들어와.
- 応援するから、頑張んなよ。응원할 테니까, 열심히 해라.
- 早く、走んなさいよ。빨리 달려라.

드라마 실용 어휘&표현

とる의 다양한 뜻

1. 손에 가지다, 집다, 들다, 쥐다, 잡다
  • 手にとって見る。손에 들고 보다

2. 취하다
  • 栄養をとる。영양을 취하다.

3. (동물을) 잡다, (열매를) 따다
  • 魚をとる 물고기를 잡다.
  • りんごをとる。사과를 따다.

4. 받다
  • 使用料をとる。사용료를 받다.

5. 벗다
  • 眼鏡をとる(かける)。안경을 벗다(쓰다).

6. 훔치다, 빼앗다
  • 財布をとる。지갑을 훔치다.

7. (사무 등을) 보다
  • 事務をとる。사무를 보다.

8. 예약하다, 잡아 두다
  • 予約をとる。예약을 잡다.

9. 맡다, (책임을) 지다
  • 責任をとる。책임을 지다

10. 짚다, 재다, 세다
  • 脈をとる。맥을 짚다.

11. 지배하다, 차지하다
  • 天下をとる。천하를 차지하다.

12. 찍다, 뜨다
  • 写真をとる。사진을 찍다.

13. 징수하다
  • 罰金をとる。벌금을 징수하다

14. 뽑다, 없애다, 제거하다
  • 雑草をとる。잡초를 뽑다

15. 해석하다, 이해하다, 받아들이다
  • 変にとる。이상하게 받아들이다.

16. 맞추다
  • 機嫌をとる。비위를 맞추다.

17. (자격 등을) 따다, 얻다
  • 免許をとる。면허를 따다.

25

初体験 (はつたいけん) First Time 첫경험 (2002년)

주연 미즈노 미키(水野美紀) 후지키 나오히토(藤木直人) 시노하라 료코(篠原涼子)
오다기리 조(オダギリジョー)

시놉시스 어렸을 때는 최고의 우등생이었고 지금은 수의사인 그녀의 이름은 다카나시 마치(미즈노 미키 분). 자택맨션에서 남동생과 둘이서 살고 있고 직업은 바로 아래층에 할머니가 경영하는 동물병원의 의사이다. 그런 그녀에게 어렸을 때 짝사랑하던 다쿠미가 이사를 온다. 아직 첫경험을 치르지 않은 마치. 그녀의 사랑은 이루어질 것인가?

TAKE SCENE

일이 꼬여서 기분이 안 좋은데, 동생 아유무가 밖에 나갔다 들어오더니 자꾸 말을 시킨다. 짜증이 난 마치가 동생에게 인상을 찡그린다.

바로
이 장면
찾아서 보기

제1화 | 전반부

歩(あゆむ)   : すぐ怒(おこ)んのな。

真智(まち) : 怒(おこ)ってない。疲(つか)れてんの。

歩(あゆむ)   : う～ん。病気(びょうき)?

真智(まち) : 病気(びょうき)だからここいんでしょうが。触(さわ)んな!

歩(あゆむ)   : すぐ怒(おこ)るのな。おやすみ、27才(さい)。

아유무 : 금방 화를 내네.
마치 : 화난 거 아냐. 피곤한 거야.
아유무 : 으~응? 어디 아파?
마치 : 병이니까 여기 있는 거잖아.
        만지지마.
아유무 : 바로 화를 내네. 잘 자, 27살.

 단어

すぐ 금방, 바로 | 怒(おこ)る 화내다, 노하다, 성내다 | 疲(つか)れる 지치다, 피로해지다 | 病気(びょうき) 병, 나쁜 버릇, 악벽, 악습 | 触(さわ)る 만지다 | な 동사 기본형에 붙어서 금지의 뜻을 나타낸다. ～하지 마

실제로는 이렇게 말한다!

る → ん

구어체에서 る가 ん으로 바뀌어 발음되는 경향이 많다.

- これからどうす^るんの? 이제부터 어떻게 할 거야?
- 一人で何やって^るんの? 혼자서 뭐 하고 있어?
- ああ~ 本当に! あんたはなに食べて^るんのよ。 아이참! 너는 뭘 먹고 있는 거니.
- いやだな。 面倒なことに巻き込まれ^るんのは。 싫다, 귀찮은 일에 휘말리는 것은.

드라마 실용 어휘&표현

病気

1. 질환. = 病・患い

- 重い病気にかかる。 중한 병에 걸리다.
- 悪い病気が移る。 나쁜 병이 옮다.
- 病気になる。 병이 들다.
- 病気が流行る。 병이 퍼지다.
- 病気が治る。 병이 낫다.

2. 나쁜 버릇, 악벽, 악습

- 酒を飲むと絡むのは彼の病気だ。
  술을 마시면 치근덕거리는 것은 그의 나쁜 버릇이다.

26 お金がない 돈이 없어 (1994년)

주연 오다 유지(織田裕二) 자이젠 나오미(財前直見) 아즈마 미키히사(東幹久)

시놉시스 돌아가신 부모님의 빚더미와 두 동생을 짊어진 장남 겐타로. 이 드라마는 정말 돈이 없는 드라마다. 다니던 회사의 도산으로 월급도 못 받고, 사채업자에게는 매일 쫓기고, 취직은 안 되고, 방값은 밀려 있고, 동생들은 배고프고, 물가는 오르고……. 힘든 상황에서도 항상 웃음을 잃지 않는 겐타로에게 인생의 전환기가 찾아온다. 과연 출세와 성공을 위해 무엇을 얻고 무엇을 잃었을까?

TAKE SCENE

월급날 회사가 망해버려, 다른 취직 자리를 구하지만, 불경기인 데에다 전문 기술이 없는 겐타로는 좀처럼 취직이 안 된다. 소꿉친구인 미치코는 자신이 일하는 빌딩청소를 소개해 주겠다고 한다. 한참을 망설이던 겐타로는…….

바로
이 장면
찾아서 보기

제1화 | 중반부

三智子：では、ここで……。

健太郎：うん。な。

三智子：うん?

健太郎：さっきの仕事の話なんだけど、マジにさ、

紹介してくんねぇかな。

正直さ、困ってんだ。

頼む。

미치코 : 그럼, 여기에서…….
켄타로 : 응. 저기 (있잖아).
미치코 : 응?
켄타로 : 아까 일 얘기 말인데, 정말로 말야,
　　　　소개해 주지 않을래? 솔직히 말야,
　　　　곤란해. 부탁할게.

な 말을 걸거나 다짐을 할 때 내는 말, 응, 그렇지, 있잖아, 여보게 = なあ | さっき 아까. さき의 힘줌말 | マジ 정말, 진심 = 本当(ほんとう), 本気(ほんき) | 正直(しょうじき) 정직(함) さ 가벼운 다짐을 나타내는 말. ~말이야. 본문에서는 '정직하게 말해서, 솔직히 말하자면' 정도의 뜻 | 困(こま)る 어려운 겪다, 궁하다, 난처해지다. 곤혹스럽다 | 頼(たの)む 부탁하다, 의뢰하다, 주문하다, 당부하다

れ → ん

구어체에서 れ가 ん으로 바뀌어 발음되는 경향이 많다.

- ちょっとあれ、とってく_れない? 저거 좀 집어 주지 않을래?
- 一緒に行ってく_れないの? 함께 가 주지 않을 거야?
- そ_れならあなたも行けるんでしょ? 그렇다면 너도 갈 수 있는 거지?
- こ_れぐらい持っていけば、大丈夫だと思うけど。 이 정도 가져 가면 괜찮을 텐데.

드라마 실용 어휘&표현

な

말을 걸거나 다짐을 할 때 내는 말. 응, 그렇지, 있잖아, 여보게 = なあ.

- な、そうだろ。 응, 그렇지?
- な～、聞いてくれよ。 여보게[응], 말 좀 들어 줘.
- な～、あの話はどうなったの。 여보게, 그 얘기는 어떻게 되었지?
- ね、これ、どうするの? 있잖아, 이거 어떻게 할거야? (*여성의 경우에는 흔히 ね, ねえ를 씀)

27 協奏曲 _{きょう そう きょく} 협주곡 (1998년)

주연 다무라 마사카즈(田村正和) 기무라 다쿠야(木村拓哉) 미야자와 리에(宮沢りえ)
시놉시스 건축가를 목표로 하고 있는 가케루(기무라 다쿠야)와 그런 그를 순수하게 사랑하는 하나(미야자와 리에). 그런 그녀를 사랑해버리고 마는 유명 건축가 에비사와(다무라 마사카즈)가 엮어가는 사랑이야기. 가케루는 병아리 건축가로 에비사와를 존경한다. 어느 날 가마쿠라의 해변에서 우연히 에비사와를 만나게 된다. 에비사와는 이 두 연인들에게 흥미를 느끼고 결국에 가케루의 연인 하나를 사랑하게 되는데……

TAKE SCENE

하는 일마다 안 되고, 돈이 필요해진 하나는 아르바이트 면접을 가지만, 기모노가 없으면 안 된다는 말에 속상해한다. 가케루가 그만두라고 설득하자…….

바로
이 장면
찾아서 보기

제2화 | 중반부

花 : 簡単_{かんたん}に言_いわないでよ。あたし、必死_{ひっし}なんだから。

翔_{かける} : 別_{べつ}に簡単_{かんたん}になんか言_いってないじゃん。

花 : 言_いってる。

このままじゃ_{では}、あたしたち、駄目_{だめ}んなっちゃう_{になってしまう}よ。

하나 : 간단하게(아무 생각없이) 말하지 마. 난 필사적이니까.
가케루 : 아무 생각없이 말한 게 아니잖아.
하나 : 아니긴 뭘. 이대로라면 우린 가망이 없어져 버려.

 단어

簡単(かんたん) 간단 | 言(い)う 말하다. 이야기하다. 지껄이다 | 必死(ひっし) 필사. 죽음을 각오하고 함. 필사적. = 死(し)にものぐるい | 別(べつ)に (문장 뒤에 ない와 어울려서) 별로 ~아니다, 특별하게 ~아니다 | このまま 이대로. 현재의 상태 그대로. = 今(いま)のまま | 駄目(だめ) 소용없음, 허사임, 제역할을 못함

80

に → ん

구어체에서 に가 ん으로 바뀌어 발음되는 경향이 많다. 주로 조사 に가 바뀐다.

• あなた、いつも家(いえ)に閉(と)じこもりだと病気(びょうき)んなっちゃうかもよ。
  너, 항상 집에 틀어 박혀 있으면 병에 걸려 버릴지도 몰라.
• ああ、本当(ほんとう)、いやんなっちゃうよ。 아아, 정말 싫어진다.
• 本当(ほんとう)に先生(せんせい)んなりたいの? 정말로 선생이 되고 싶니?

드라마 **실용 어휘&표현**

なんか와 言ってる

なんか가 사전에는 '~따위, ~등'의 뜻으로 나와 있지만, 일상회화에서의 어감을 나타내기에는 불충분하다. 즉 어떤 말에 붙어 강조하는 느낌을 준다. 이런 표현이 쓰이는 상황에 익숙해져야 한다.

• A : そんな簡単(かんたん)に言(い)わないでよ。 그렇게 아무렇게나 말하지 마.
• B : 簡単(かんたん)になんか言(い)ってないよ。 누가 아무렇게나 말했다고 그래?

한편, 하나(花)의 대사 중에서 言ってる는 직역하면 '말하고 있다'이지만, 이런 해석이라면 그 느낌이 충분히 살지 않는다. 즉 하나(花)의 대사 앞에서 가케루가 '말한 게 아니잖아'를 부정하여 받아치는 뜻이므로 '아니긴 뭐가 아냐' 식의 어감을 나타내 주어야 한다.

28 ショムニ 쇼무니 (1998년)

주연 에스미 마키코(江角マキコ) 교노 고토미(京野ことみ) 사쿠라이 아쓰코(桜井淳子)
도다 게이코(戸田恵子)
시놉시스 회사 안에서 실수를 하거나 미움을 사 좌천 형식으로 이동되는 부서의 이름, 즉 庶務 2 課(しょむにか)
이다. 흔히 여사원의 무덤이라 불리는 '쇼무니'에 어느 날 남을 배려하는 성향이 강해 항상 당하기만 하는 쓰카
하라가 이동배치된다. 쓰카하라와 정반대의 성격인 치나쓰 등 서무2과에 근무하는 여섯 명의 여사원들이 회사
나 개인의 다양한 문제를 해결해 가는 이야기.

TAKE SCENE

치나쓰는 주변상황에 휘둘리기만 하
고 주체성이 없는 쓰카하라에게 자
신에게 충실한 삶을 살라고 충고
한다.

바로
이 장면
찾아서 보기

제1화 | 후반부

千夏(ちなつ) ： お前(まえ)はお前(まえ)。

人(ひと)に合(あ)わせてても幸(しあわ)せにはなれないんだよ。

あんたは男(おとこ)や会社(かいしゃ)のためにいるんじゃない。

あんたのために男(おとこ)も会社(かいしゃ)もあるんだよ。

要(よう)は自分(じぶん)が楽(たの)しいかどうか、それだけ。

치나쓰 : 너는 너야. 남에게 맞추어도 행복해지
지는 않아. 너는 남자나 회사를 위해
있는 게 아냐. 너를 위해서 남자도 회
사도 있는 거야. 요컨대 자신이 즐거
운지 어떤지 그게 중요한 거야.

단어

要(よう)は 요는, 요컨대 | 人(ひと) 1. 사람(인류, 인간). 2. 남, 타인 | 合(あ)わせる 합치다, 모으다, 합하다 | 幸(しあわ)せ 행복, 행운, 운, 운수, 운명 | 会社(かいしゃ) 회사 | 為(ため) 이익이나 득이 되는 일 | 自分(じぶん) 그 사람 자신, 자기 자신, 나, 저 | 楽(たの)しい 즐겁다, 재미있다, 유쾌하다 | だけ 한정·한도를 나타냄. 〜만, 〜뿐, 정도를 나타냄. 〜만큼, 〜까지

실제로는 이렇게 말한다!

な → ん

구어체에서 な가 ん으로 바뀌어 발음되는 경향이 많다. 단, な가 ん으로 바뀌는 경우는 あなた가 あ
んた로 바뀌어 발음되는 것뿐이므로 이것만 외워두면 된다.

- 何してるの、あんた? 뭐 하고 있는 거야, 너?
- あんた、それ本気なの? 너 그거 진심이니?
- あんたの方がひどいじゃない? 네 쪽이 너무하잖아.

드라마 실용 어휘&표현

人

주로 '사람(인류, 인간)'이나 '남'으로 해석한다.

- その人はすごくやさしい人なの。 그 사람 굉장히 상냥한 사람이야.
- 人の物を盗んではいけません。 남의 물건을 훔쳐서는 안 됩니다.

ため

이익이나 득이 되는 일.

- 初心者のための英語の本。 초보자를 위한 영어책.
- 青少年のためになること。 청소년에게 유익한 일.

ために

~을 위해서

- 生きるために戦う。 살기 위해서 싸우다.
- 目的のためには手段を選ばない。 목적을 위해서는 수단을 가리지 않는다.

83

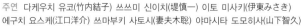

29 ランチの女王

じょ おう

런치의 여왕 (2002년)

주연 다케우치 유코(竹内結子) 쓰쓰미 신이치(堤慎一) 이토 미사키(伊東みさき)
에구치 요스케(江口洋介) 쓰마부키 사토시(妻夫木聡) 야마시타 도모히사(山下智久)
시놉시스 한 가족이 경영하는 레스토랑 '키친 마카로니'의 장남 겐이치로는 예전에 가게의 돈을 가지고 도망을
쳤다. 얼마 후, 나쓰미를 위장 약혼자로 세워 가게로 돌아오지만, 다시 돈을 가지고 사라진다. 세 번 실수를 하
면 가게를 나가야 한다는 조건으로 가게에 남게 된 나쓰미의 운명은……? 맛있는 데미그라스 소스에 오무라이
스가 먹고 싶어지는 맛있는 드라마.

TAKE SCENE

가짜 약혼녀 역할을 해 주면 맛있는
오무라이스를 먹게 해 주겠다는 겐
이치로의 말에 승낙하고 마는 나쓰
미.

바로
이 장면
찾아서 보기

제1화 | 전반부

健一朗：聞くの忘れた。名前……なんだっけ?

なつみ：いいでしょ? 名前なんて。

健一朗：婚約者の名前知らないわけにはいかないだろ。

なつみ：ああ、もう～。適当につけてよ。私はね、あなたが

お父さんと涙の再会をしたらすぐに帰るんだから。

겐이치로 : 묻는 걸 잊었다. 이름 뭐더라?
나쓰미 　 : 상관없잖아요? 이름 같은 건.
겐이치로 : 약혼자의 이름을 모를 수는 없잖아.
나쓰미 　 : 아이, 참! 적당히 붙여요. 저는요,
　　　　　 당신이 아버지와 눈물의 재회를 하면
　　　　　 바로 돌아갈 거니까.

단어

聞(き)く 듣다, 묻다 | 忘(わす)れる 잊다 | 名前(なまえ) 이름 | ～っけ ～였지, ～던가 | いい 좋다, 괜
찮다 | つける 붙이다, 달다, 바르다 | 婚約者(こんやくしゃ) 약혼자 | ～わけにはいかない ～할 수는
없다 | もう 1. 이미, 벌써. 2. 게다가. 3. 에이, 정말 | 適当(てきとう) 적당 | 涙(なみだ) 눈물 | 再会(さい
かい) 재회 | 帰(かえ)る 돌아가다, 돌아오다

84

の → ん

구어체에서 の가 ん으로 바뀌어 발음되는 경향이 많다.

- こんなの初めてなんです。 이런 거 처음입니다.
- そんなにおいしいんですか。 그렇게 맛있습니까?
- だから泣いたんです。 그래서 운 거예요.

드라마 실용 어휘&표현

～っけ

1. 잊었던 일을 어떤 기회에 회상하며 그리워하거나 아쉬워하는 뜻을 나타냄.

   …였지. …하곤 했(었)지.

   - 幼い頃はあの遊び場でよく遊んだっけ。 어렸을 적에는 저 놀이터에서 잘 놀곤 했었지.

2. 잊었던 일이나 분명하지 않은 일을 묻거나 확인함을 나타냄.

   …였지. …던가.

   - 彼の名前(あだ名)はなんだったっけ? 그의 이름(별명)은 무엇이었지?
   - そんなこともあったっけ? 그런 일도 있었던가?

つける

1. 접촉시키다, 접합시키다, 대다 = くっつける
   - 体を壁につける。몸을 벽에 붙이다
   - 折れた骨をつける。부러진 뼈를 접합시키다.

2. 부착시키다, 달다
   - シャツにボタンをつける。셔츠에 단추를 달다

3. 바르다, 묻히다, 칠하다
   - おしろいをつける。분을 바르다
   - 手にインクをつける。손에 잉크를 묻히다

4. 표를 하다, 자국을 남기다(내다)
   - 足跡をつける。발자국을 남기다
   - 机に傷をつける。책상에 자국을 내다
   - 印をつける。표를 하다.

5. (색이나 향기 등을) 첨가하다, 내다
   - 着物に染みをつける。옷에 얼룩 자국을 내다
   - ゆずの香をつける。유자의 향기를 내다.

6. 기입하다, 쓰다
   - 日記をつける。일기를 쓰다

7. 착용하다, 입다, 신다
   - ネックレスをつける。목걸이를 하다

8. 딸리다
   - ボディーガードをつける。보디가드를 딸리다

9. 곁들이다, 덧붙이다
   - 雑誌に付録をつける。잡지에 부록을 곁들이다
   - 漢字に振り仮名をつける。한자에 가나를 달다

10. 뒤쫓다, 미행하다
    - 犯人をつける。범인을 뒤쫓나

11. 북돋우다, 첨가시키다
   - 元気をつける。기운을 북돋우다.
   - スピードをつける。스피드를 올리다.

12. (불을) 붙이다, 켜다, 점화하다
   - 火をつける。불을 붙이다.
   - 明かりをつける。등불을 켜다.
   - ガスをつける。가스불을 켜다.
   - テレビをつける。텔레비전을 켜다.
   点ける로도 씀.

13. 명명(命名)하다
   - 名前をつける。이름을 짓다(붙이다).
   - 小説にタイトルをつける。소설의 제목을 붙이다.

14. 매기다
   - 値段をつける。가격을 매기다.

15. 어떤 조건을 달다
   - 条件をつける。조건을 붙이다.
   - 期限をつける。기한을 정하다.
   - クレームをつける。클레임을 걸다.
   - 文句をつける。시비를 걸다. 트집잡다.

16. 마무르다, 결말짓다
   - 始末をつける。(일의) 매듭을 짓다.
   - 勝負をつける。승부를 내다.
   - 問題に決着をつける。문제에 결착을 짓다.

17. 술을 알맞게 데우다
   - かんをつける。술을 알맞게 데우다.

18. 익히다, 어떤 성질이나 능력이 갖추어지도록 하다
   - 身につける。몸에 익히다.
   - 知恵をつける。꾀를 일러 주다.

30 黄泉がえり 환생 (2003년 영화)

주연 구사나기 쓰요시(草なぎ剛) 다케우치 유코(竹内結子)
시놉시스 간절한 기다림이 기적을 부른다. 3주간 허락된 사랑. 규슈의 아소라는 산골에 사랑하다 떠나보낸 사람을 한시라도 잊지 않고 간절히 생각하면 죽었던 가족이나 연인들이 살아 돌아오는 일들이 생겨난다. 하지만 3주가 되면 다시 사라지는 이 현상을 조사하러 그 마을 출신인 헤이타가 방문하게 되고 옛 짝사랑 아오이를 만나게 된다.

TAKE SCENE

죽었던 부인이 다시 살아 왔으니 사망신고를 취소해 달라는 연락을 받고 그 노부부를 찾아갔던 아오이와 가와다. 그들의 이야기를 들은 아오이는 거짓말하는 것 같지는 않다고 둘을 만난 감상을 이야기한다. 저녁에 오뎅집으로 술을 마시러 간 두 사람. 갑자기 가와다는 다시 아오이에게 이 일을 어떻게 생각하느냐고 묻자 죽은 사람이 다시 살아 돌아오는 일은 있을 수 없다고 이야기한다.

青井 ： あるわけないじゃない。死んだ人が生き返るんで
しょう？そんなもん信じられるわけないじゃん。
河田 ：お前、さっきと言ってること違わない？

아오이 : 있을 리가 없잖아. 죽은 사람이 되살아나는 거잖아. 그런 거 믿을 수 있을 리가 없잖아.
가와다 : 너, 아까와 말하는 게 틀리지 않냐?

바로
이 장면
찾아서 보기

영화 | 전반부

단어

死(し)ぬ 죽다 | わけ 도리, 이치, 까닭, 사정, 내막, 것 | 生(い)き返(かえ)る 되살아나다, 회생하다, 소생하다 | 信(しん)じる 믿다, 신뢰하다, 신용하다, 확신하다 | 違(ちが)う 다르다, 상이하다

88

실제로는 이렇게 말한다!

ない → ん

구어체에서 ない가 ん으로 바뀌어 발음되는 경향이 많다. 변화 과정은 다음과 같다.

- ~では ない か (~하지 않느냐?)
- ~じゃ ん か (~하잖냐)
  では ない 생략
- ~じゃん (~잖아)

- そうじゃん。그렇잖아.
  ない
- こっちの方がもっとかわいいじゃん。이쪽이 훨씬 귀엽잖아.
  ほう   ない
- あんたは見てなかったじゃん。넌 안 보고 있었잖아.
  み   ない
- 私が作ったカレーが一番おいしいって言ったじゃん。なのになんで食べないの?
  わたし つく   いちばん   い   ない   た
  내가 만든 카레가 제일 맛있다고 했잖아. 그런데 왜 안 먹어?
- お前はさっきから何もしてねえじゃんかよ。넌 아까부터 아무 것도 안 하고 있잖아.
  まえ   なに   ない
- そんなことも分からんのか? 그런 것도 모르는 거냐?
  わ   ない

참고 ない가 ん으로 변화되는 것은 음변화이고, ない가 ねぇ로 변화되는 것은 말을 거칠거나 터프한 표현으로
바꾸어 주는 것이므로 주의해야 한다.

- 知らねぇよ。→ 거친 표현.
  し
- 知らん。→ 음변화.
  し

31 H2 - 君と<ruby>いた<rt>きみ</rt></ruby>日々

H2 - 너와 함께한 날들 (2005년)

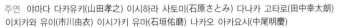

주연 야마다 다카유키(山田孝之) 이시하라 사토미(石原さとみ) 다나카 고타로(田中幸太朗) 이치카와 유이(市川由衣) 이시가키 유마(石垣佑磨) 나카오 아카요시(中尾明慶)

시놉시스 히로와 노다는 중학교 야구부의 황금콤비이다. 그런데 어느 날 의사로부터 선수생활을 해서는 안 된다는 진단을 받고, 야구가 없는 고등학교로 진학을 한다. 한편, 이들을 진단했던 의사가 돌팔이였음이 밝혀지고, 이들은 야구동호회를 만든다. 우정과 사랑 그리고 도전을 그린 드라마.

TAKE SCENE

축구부에 들었던 히로는 우연히 야구 동호회와 시합을 하게 되는데, 만능 스포츠선수인 기네가 너무 야구를 우습게 보자 슬슬 약이 오른다.

바로 이 장면 찾아서 보기

제1화 | 중반부

春華：木根君、野球をなめてるとバチがあたりますよ。

木根：俺はそっちのハンディも考えてんだ。

それに俺がマジ投げしたら、捕れる奴がいねぇんだよ。

比呂：俺、やりましょうか、キャッチャー。

木根：お前、ちゃんととれんだろうな。

また鼻血出しても知らねぇぞ。

하루카 : 기네 군, 야구를 얕보다간 벌 받아요.
기네 : 나는 그 쪽의 핸디캡도 생각하고 있어. 게다가 내가 제대로 던지면 잡을 수 있는 녀석이 없어.
히로 : 제가 할까요? 포수.
기네 : 너, 틀림없이 잡을 수 있는 거겠지? 또 코피나도 모른다.

なめる 핥다, 맛보다, 깔보다, 얕보다 | バチ 벌, 천벌. バチがあたる 벌이 내리다, 벌받다 | ハンディ 불리한 조건. ハンディキャップ(핸디캡)의 준말 | 考(かんが)える 생각하다. 헤아리다 | それに 그런데도, 게다가 | やつ[奴] 녀석, 놈, 자식, 것 | キャッチャー (야구에서) 캐처, 포수 | ちゃんと 차근차근, 꼼꼼이, 틀림없이 | とる 잡다, 쥐다 | 鼻血(はなぢ) 코피 | 知(し)らない 모른다

るの → ん

구어체에서 るの가 ん으로 바뀌어 발음되는 경향이 많다.

- そんなとこで何してんですか? 그런 곳에서 뭐하고 있는 겁니까?
- これ全部食べられんですか? 이거 전부 먹을 수 있습니까?
- あんなこと言ってんですけど、大丈夫ですか? 저런 소리 하는데 괜찮으세요?

지금까지 익혀 온 것처럼 구어체에서는 ら・り・る・れ・に・な・の・ない 등이 ん으로 바뀌어 발음되는 경우가 많은데, 어떤 경우는 위와 같이 る와 の 둘 다 ん으로 바뀔 수 있다. 이 때는 ん을 두 번 연속해서 발음하는 것이 아니라 한 번만 발음해 준다.
한편, 何してんですか와 言ってんですけど는 何をしているのですか와 言っているのですけど 이므로, 엄밀하게 말해서 이 경우는 いるの의 세 글자가 ん 한 글자로 표현되었다고 할 수 있다.

드라마 **실용 어휘&표현**

マジ投げ

真面目に投げる의 준말. 뜻은 성심성의껏 던지다, 제대로 던지다
일본에서는 이렇게 긴 말을 줄여서 사용하는 예가 많다. 몇 가지 자주 등장하는 예를 살펴보자.

1. アジドル = アジアン(아시안) + アイドル(아이돌)
   아시아 출신의 인기 스타를 뜻함.

2. 親トモ = 親指 + 友達
   휴대폰으로만 사귀는 친구를 뜻함. 휴대폰을 사용할 때 엄지손가락을 많이 쓰는 것에서 온 말.

3. 冬ソナ = 冬のソナタ
   한국 드라마 〈겨울연가〉가 일본에서 대히트를 기록했는데, 〈겨울연가〉의 일본 제목이 〈冬のソナタ〉이다. 이것을 줄여서 〈ふゆソナ〉라고 한다.

드라마에서 뽑은
실제로는 이렇게 말한다!

히라가나 법칙 ①

ん이 두 번 이상 겹칠 때

앞에서 우리는 ら・り・る・れ・に・な・の・ない 등이 ん으로 바뀌어 발음되는 예들을 학습하였다.

- あなたも行くのですか。 당신도 가는 것입니까?
- あなたも行くんですか。 당신도 가는 겁니까?

이런 현상은 회화에서 강조를 하거나 말을 부드럽게 하는 역할을 한다는 점도 다시 한번 상기해 두자. 그런데 만약 ら・り・る・れ・に・な・の・ない 등이 두 번 이상 겹쳐서, 둘 다 ん으로 바뀌려는 현상이 일어날 때는 어떻게 발음될까?

- 何^{なに}するのですか。
- 何^{なに}するんですか。
- 何^{なに}すんですか。 뭐 하고 있는 겁니까?

- どこ見^みてるのですか。
- どこみてるんですか。
- どこみてんですか。 어딜 보고 있는 겁니까?

위 예문에서는 る와 の가 동시에 ん으로 바뀐 것으로, 이 때는 んん처럼 두 번 발음하는 것이 아니라 한 번으로 생략해 버린다. 따라서 이런 발음에 익숙하지 않으면 자칫 대화의 흐름을 놓칠 수 있으므로 주의해서 익혀 두자.

히라가나 법칙 ②

ん과 촉음(っ)이 만날 때

회화체 문장에서는 る・で가 촉음(っ)으로 바뀌는 예도 있다.

- 大丈夫ですか。
- 大丈夫っすか。 괜찮습니까?

이런 형태의 발음 변형은 주로 젊은 남성들이 사용해 왔는데, 차츰 여성도 사용하게 되었다.
그렇다면 앞에서 익힌 ら・り・る・れ・に・な・の・ない 등이 ん으로 바뀌는 현상과 る・で
가 촉음(っ)으로 바뀌는 현상이 겹쳐졌을 때는 어떻게 될까?

- なにするのですか。
- なにするんですか。
- なにすんですか。
- なにすんすか。 뭐 하고 있는 겁니까?

- どこ見てるのですか。
- どこ見てるんですか。
- どこ見てんですか。
- どこ見てんすか。 어딜 보고 있는 겁니까?

위 예문에서 보는 것처럼 ん과 촉음(っ)이 만나면, 촉음(っ)이 소멸된다. 이는 앞의 ん 발음이 워낙 세
게 발음되기 때문에 뒤에 오는 촉음(っ)이 소멸되는 것이다.

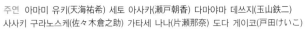

32 離婚弁護士2 - ハンサムウーマン
りこんべんごし
이혼변호사2 – 핸섬 우먼 (2005년) –

주연 아마미 유키(天海祐希) 세토 아사카(瀬戸朝香) 다마야마 데쓰지(玉山鉄二)
사사키 구라노스케(佐々木倉之助) 가타세 나나(片瀬那奈) 도다 게이코(戸田けいこ)
시놉시스 마미야 다카코는 이혼 사건과 기업 법무도 취급하는 이색 변호사로 활약한다. 그녀는 인기 여성잡지 〈핸섬 우먼〉에서 '현대의 핸섬 우먼 100명'에 선택되기도 한다. 이혼이나 약혼사기, 위장이혼, 불륜 등 많은 사건들을 처리해 나간다. 〈이혼변호사〉 1탄에 이어 2탄에서는 더 다양한 인물이 등장하고 사건들이 터진다.

TAKE SCENE

결혼을 전제로 10만 엔 정도 하는 목걸이를 200만 엔에 사게 하고 결혼을 파기함으로써 사기를 당했다고 주장하는 사건을 어느 여성으로부터 접수하고 조사에 들어갔지만, 조사해 볼수록 의뢰인이 거짓말을 하고 있다는 증거들이 포착된다. 베테랑 변호사인 도시후미가 의뢰인을 의심하자, 신참인 다이스케가 여자 의뢰인을 감싸고 돈다. 그러자 도시후미는 여자도 모르는 주제에 감싸기부터 한다면 핀잔을 주자 다이스케가 말한다.

바로
이 장면
찾아서 보기

제1화 | 중반부

大介 : 先生は知ってるんですか?
だいすけ　せんせい　し　てるの

俊文 : 結婚するとな、知らなきゃよかったってくらい
としふみ　けっこん　し　ければ　という
知っちゃうんだよ。
し　てしまう　の

大介 : 先生!
だいすけ　せんせい

俊文 : 言うな。言うな。
としふみ　い　い
飲むぞ。おごる。
の

다이스케 : 선생님은 아세요?
도시후미 : 결혼하면, '모르는 게 좋았을걸'
할 정도로 알아버리게 된다구.
다이스케 : 선생님!
도시후미 : 됐어, 됐어. 마시기나 하자구.
내가 쏠게.

단어 知(し)る 알다 | 結婚(けっこん) 결혼 | くらい 정도, 쯤 | 飲(の)む 마시다, 삼키다 | おごる (음식이나 술을 자기가 사겠다는 뜻으로) 한턱 내다

실제로는 이렇게 말한다!

けば・ければ → きゃ／ げば → ぎゃ

회화체에서 けば・ければ는 きゃ로, げば는 ぎゃ로 바뀌어 발음되는 경향이 강하다.

1. けば → きゃ

① 行けば → 行きゃ 가면　　　② 置けば → 置きゃ 두면

③ 聞けば → 聞きゃ 들으면　　④ 叩けば → 叩きゃ 두드리면

・そこに置いときゃいいよ。거기에 놔두면 돼.

2. げば → ぎゃ

① 脱げば → 脱ぎゃ 벗으면　　② 騒げば → 騒ぎゃ 소란피우면

③ 急げば → 急ぎゃ 서두르면　④ 泳げば → 泳ぎゃ 수영하면

・もうちょっと急ぎゃいいのになあ。좀더 서두르면 좋겠는데 말야.

3. なければ → なきゃ

① 見なければ → 見なきゃ 보지 않으면

② 飲まなければ → 飲まなきゃ 마시지 않으면

③ 作らなければ → 作らなきゃ 만들지 않으면

④ 読まなければ → 読まなきゃ 읽지 않으면

・この薬、飲まなきゃ風邪、治らないよ。이 약 먹지 않으면 감기 낫지 않아.

4. たければ → たきゃ

① 行きたければ → 行きたきゃ 가고 싶으면

② 飲みたければ → 飲みたきゃ 마시고 싶으면

③ 死にたければ → 死にたきゃ 죽고 싶으면

④ やりたければ → やりたきゃ 하고 싶으면

・そんなにやりたきゃやればいいじゃないかよ。그렇게 하고 싶으면 하면 되잖아.

33 笑顔の法則
えがお　ほうそく

웃는 얼굴의 법칙 (2003년)

주연 다케우치 유코(竹内祐子) 아베 히로시(阿部寛) 진나이 다카노리(陣内孝則)
노기와 요코(野際陽子)

시놉시스 갑자기 회사에서 해고당한 유미는 출판사 아르바이트를 하게 된다. 업무는 온천 여관(유하라)에 기거하며 작품을 그리는 유명 만화가인 레지로를 보조하고 완성된 원고를 출판사에 가져다 주는 일. 레지로와 유미, 그리고 유미와 얽힌 사랑, 온천 여관 유하라를 중심으로 한 생활, 출판사 사이의 인기 경쟁 등이 얽혀지면서 흥미를 더하는 드라마.

TAKE SCENE

온천 여관 유하라의 거래처인 생선 가게에서 일하는 나쓰코의 아들 신노스케가 여자 친구에게 차인다. 그러자 미망인 나쓰코를 속으로 좋아하는 유하라의 조리사 고이치가 조언을 해 준다.

바로
이 장면
찾아서 보기

제2화 | 전반부

幸一 こういち : おめぇがふられたのはおめぇのせいだ。

人のせいなんかするんじゃねぇ。

信之介 しんのすけ : でも……、じゃ、どうすりゃいいのさ？

幸一 こういち : 簡単だよ。おめぇがその直人ってやつより

男らしくなりゃいいんだよ。

고이치 : 네가 채인 것은 네 탓이야. 남 탓 따위 하는 거 아냐.

신노스께 : 하지만……, 그럼 어떻게 하면 좋지?

고이치 : 간단해. 네가 그 나오토란 녀석보다 남자다워지면 되는 거야.

 おめぇ 너(おまえ의 발음 변화) | ふられる 차이다(ふる의 수동형) | せい 탓, 원인, 이유 | ひと(人) 남, 사람 | 簡単(かんたん)だ 간단하다 | やつ[奴] 놈, 녀석 | ～より ～보다(비교) | ～らしい ～답다

실제로는 이렇게 말한다!

まえ → めぇ

구어체에서 まえ가 めえ, めぇ, めー로 바뀌어 어투가 터프한 느낌을 주는 경우가 있다.

- お前 너, 자네 → おめぇ 너 이 녀석
- 手前 너, 그대 → てめぇ 너 이 자식
- 当たり前だ → あたりめぇだ 당연하다

れは・れば → りゃ

회화체에서 れは・れば는 りゃ로 바뀌어 발음되는 경향이 있다.

1. れは → りゃ

   ① これは 이것은 → こりゃ 이것은, 이거야, 이건.

   ② それは 그것은 → そりゃ 그것은, 그거야, 그건.

   ③ あれは 저것은 → ありゃ 저것은, 저거야, 저건.

   • なんだ、こりゃ。뭐야, 이건?

2. れば → りゃ

   ① すれば → すりゃ 하면   ② 見れば → 見りゃ 보면

   ③ できれば → できりゃ 할 수 있으면   ④ 食べれば → 食べりゃ 먹으면

   • 食べたきゃ、食べりゃいいね。먹고 싶으면 먹으면 되지.

3. ければ → けりゃ

   ① 痛ければ → 痛けりゃ 아프다면   ② 高ければ → 高けりゃ 비싸다면

   • 値段は安けりゃ、安いほどいい。값은 싸면 쌀수록 좋다.

4. なければ → なけりゃ

   ① 行かなければ → 行かなけりゃ 가지 않으면

   ② 食べなければ → 食べなけりゃ 먹지 않으면

   ③ 買わなければ → 買わなけりゃ 사지 않으면

5. たければ → たけりゃ

① 行きたければ → 行きたけりゃ 가고 싶으면

② 見たければ → 見たけりゃ 보고 싶으면

③ 遊びたければ → 遊びたけりゃ 놀고 싶으면

• 飲みたけりゃ、お金さえ出せばいいんだ。 마시고 싶으면 돈만 내면 된다.

드라마 **실용 어휘&표현**

せい 탓, 원인, 이유

• 失敗を人のせいにする。 실패를 남의 탓으로 돌리다.
• 病気のせいか頭が痛い。 병 때문인지 머리가 아프다.

ふる 차다 → ふられる 차이다

• 恋人にふられる。 연인에게 차이다.

～らしい

체언이나 활용어에 붙어 '～답다, ～인 것 같다'라는 뜻을 나타내고, 형용사적 활용을 한다.

1. ～답다, ～스럽다

• 学者らしい学者。 학자다운 학자.
• ばからしくて話にならない。 어처구니가 없어서 말도 안 된다.

2. ～인 듯한 기분이 들다, ～인 것 같다

• わざとらしい。 고의적인 듯하다.
• 明日は雨らしいです。 내일은 비가 온다는 것 같습니다.
• 主人らしい人が出てきた。 주인인 듯한 사람이 나왔다.

알아두면 힘!!!

えば → や

회화체에서 ~う로 끝나는 동사의 가정 표현 ~えば는 ~や로 축약되어 발음되는 경우가 있다.

- そういえばそうだね。 → そういやそうだね。(그러고 보니 그러네.)
- 私が全部買えばいいんでしょ。 → 私が全部買やいいんでしょ。(내가 전부 사면 되죠?)
- なんでも狙えばいいってものじゃないじゃない。

  → なんでも狙やいいってものじゃないじゃない。(뭐든 노린다고 되는 건 아니잖아.)

- こんだけ揃えば、もう大丈夫だ。

  → こんだけ揃や、もう大丈夫だ。(이만큼 갖추면, 이젠 문제없다.)

드라마 속에서

彰 : じゃさ、そのトップレベルまで小谷をもってけばいいんじゃないの？

修二 : そんな簡単に言うんじゃねぇよ。

彰 : まぁ、中身が伴わないとだめかも知んないけど。

修二 : 中身だってどうだっていいんだよ。みんなが美人だっていや美人になるし、みんながほしいって思えば値段も上がる。世の中にはそういうふうに仕掛けるヤツがいるんだよ。

아키라 : 그럼 말야, 그 톱레벨까지 고타니를 끌어올리면 되잖아.

슈지 : 그렇게 간단히 말할 게 못 되지.

아키라 : 하긴, 알맹이가 안 받쳐주면 안 될지도 모르지만.

슈지 : 알맹이따윈 아무래도 괜찮아. 모두가 미인이라고 하면 미인이 되는 거고, 모두가 갖고 싶다고 생각하면 값도 오르지. 세상에는 그런 식으로 몰고 가는 놈이 있는 거지.

단어 じゃ 그럼 | さ ~말이야 | もっていく 가지고 가다, 어떤 상태로 끌고 가다 | 中身(なかみ) 알맹이, 가장 중요한 것 | 伴(ともな)う 동반하다, (어떤 것이) 받쳐주다 | だめ 안 됨 | ~かも知(し)れない ~지도 모른다 | ~だって ~따위 | どうでも 아무래도, 어떻든 | ほしい 갖고 싶다 | 値段(ねだん) 가격 | 上(あ)がる 오르다 | 世(よ)の中(なか) 세상 | そういうふうに 그런 식으로 | 仕掛(しか)ける 공세를 취하다, 장치하다, 어떤 상태로 몰고 가다 | ヤツ(奴) 놈

野ブタをプロヂュース 노부타 프로듀스(2005년) 중에서(제1화 중반부)

주변 아이들을 업신여기며 늘 모범생임을 자처하는 주인공 슈지. 그리고 왕따 아카라와 고타니. 우연한 기회에 이 두 사람을 도와주게 된 슈지는 그 사건을 계기로 고타니를 프로듀스해서 학교에서 제일 가는 인기짱으로 만들어 가기로 의기투합한다. 그들의 계획은 어떻게 성공할 것인가? 진정한 친구와 소중한 것이 무엇인지를 배워가는 성장 드라마. 고타니를 톱레벨까지 끌어올리자는 아카라의 제안에 슈지가 냉담한 반응을 보이며 부정적인 견해를 밝히는 장면.

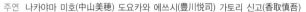

34 Love Story 러브스토리 (2001년)

주연 나카야마 미호(中山美穂) 도요카와 에쓰시(豊川悦司) 가토리 신고(香取慎吾)

시놉시스 슬럼프에 빠진 연애 소설 작가 나가세의 담당을 맡게 된 미사키. 그녀는 계약 사원으로 계약기간 한 달을 남겨놓고 있다. 책을 내기만 하면 베스트 셀러가 되는 나가세는 최근 2년 동안 전혀 원고를 주지 않고 있다. 나가세는 성격이 괴팍하고 프라이드가 너무 강해 다루기 힘든 인간으로, 지금까지도 몇 번이나 편집 담당이 바뀐 상태다. 그런 나가세의 비위를 잘 맞추어줘야 하는데 미사키는 그만 그에게 할 말 못 할 말 다 해버리고 잘리게 된다. 미사키와 나가세의 사랑 그리고 두 사람을 둘러싼 가족, 출판사의 관계 등이 흥미진진하게 펼쳐진다.

 # TAKE SCENE

슬럼프에 빠져 원고를 주지 않는 나가세에게 출판사는 여직원을 선발해 원고 청탁을 맡긴다.

바로
이 장면
찾아서 보기

제1화 | 중반부

ユミ : でも、私、永瀬康って読んだことないし。

柏原 : 大丈夫、大丈夫。これから読みゃいいんだから。

とりあえず、その脚線美を最初はかましてだね。

유미 : 하지만, 저는 나가세 코우의 책을 읽은 적도 없고.

가시와바라 : 괜찮아, 괜찮아. 이제부터 읽으면 되니까. 우선, 그 각선미를 처음엔 밀어부치고 말야.

단어 読(よ)む 읽다 | 大丈夫(だいじょうぶ)だ 괜찮다 | これから 이제부터, 금후, 장차, 앞으로 | とりあえず 1. 다른 일은 제쳐놓고 먼저, 곧바로, 부랴부랴. 2. 우선, 일단 | 脚線美(きゃくせんび) 각선미 | 噛(か)ませる 기세를 꺾다, 밀어붙이다

100

실제로는 이렇게 말한다!

めば → みゃ

회화체에서 めば는 みゃ로 바뀌어 발음되는 경우가 있다.

- お薬、毎日飲みゃ、治るんですか? 약, 매일 먹으면 나을까요?
- 読みゃ読むほど、わけわかんない本だな。 읽으면 읽을수록 영문 모를 책이네.
- 疲れてんなら、休みゃいいじゃねぇか。 피곤하면 쉬면 되잖아.

드라마 실용 어휘&표현

かます ＝ かませる

1. (재갈 따위를) 물리다, (지렛대 따위를) 끼우다
   - さるぐつわをかませる。 (수건 따위로) 재갈을 물리다.

2. (俗) 한 대 먹이다, 기세를 꺾다
   - パンチをいっぱつかませる。 펀치를 한 방 먹이다.

3. (씨름 등에서) 힘껏 밀어붙이다
   - つっぱりをかませる。 (씨름에서) 상대편 가슴을 힘껏 밀어버리다.

35 さよなら、小津先生

さよなら、小津先生
사요나라 오즈 선생 (2001년)

주연 다무라 마사카즈(田村正和) 유스케 산타마리아(ユースケサンタマリア)

시놉시스 엘리트 은행원이었던 오즈. 본사의 명령에 따라 법을 벗어난 딜링을 하고는 결국 체포된다. 전과자가 된 오즈를 받아주는 은행은 어디에도 없고 하는 수 없이 옛친구의 도움으로 고등학교 교사가 된다. 그런데 맡게 된 것은 문제아들만 모인 반. 오즈 선생 제2의 인생이 시작된다. 유복한 환경에서 자라고 잘 나가던 은행원에서 삶의 패배자가 된 오즈가 젊은이들과 함께하는 생활 속에서 배우고 성장한다는 코믹 터치의 감동 드라마.

TAKE SCENE

교사들이 가위바위보를 해서 이긴 사람과 진 사람이 키스하는 게임을 한다. 그런데 공교롭게도 예쁜 여선생은 제외하고 남자 교사 둘이 키스를 해야 하는 상황이 벌어졌다.

바로
이 장면
찾아서 보기

제1화 | 중반부

小津 : 気持ち悪かったら、よしゃいいじゃねぇか。

　　　 なんでそういうこと……。

加藤 : ゲームだから。

小津 : ゲームだからキス？ 男同士で？

오즈 : 기분 나쁘다면 그만두면 되잖아. 왜 그런 걸…….
가토 : 게임이니까요.
오즈 : 게임이니까 키스? 남자들끼리?

 단어

気持(きも)ち 1. 기분, 감정, 심정, 마음, 의사. 2. 몸의 상태, 느낌. 3. 마음의 표현 | **悪(わる)い** 안 좋다, 나쁘다 | **よす** 그만두다, 중지하다 = **やめる** | **なんで** 어째서, 왜 = **どうして・なぜ** | **そういう** 그와 같은, 그런, 그러한 | **ゲーム** 게임 | **キス** 키스 | **同士(どうし)** 한패, 동아리, ~끼리, ~사이

실제로는 이렇게 말한다!

せば → しゃ

회화체에서 せば는 しゃ로 바뀌어 발음되는 경우가 있다. 또한 비슷한 발음 변화로는 다음과 같은 것들이 있다.

＊せば → しゃ

- 話しゃわかるよ。 이야기하면 알거야.
- ずっと探しゃ、見つかると思うよ。 계속 찾으면 발견될 거야.

＊てば → ちゃ

- 打ちゃいいんだろう。 치면 되잖아.
- 卑怯でもなんでも勝ちゃ、誰も文句言わないよ。

   비겁하든 뭐하든 이기면, 아무도 불평 안 해.

＊ねば → にゃ

- あんたが死にゃ、なんでも問題解決だと思うなよ。

   네가 죽으면 뭐든지 문제가 해결될 거라고 생각하지 마.

- どうして私が行かにゃならないんだよ。 왜 내가 가지 않으면 안 되는 거야?

＊めば → みゃ

- こうやって盗みゃ、誰も気づかないって。 이렇게 훔치면 아무도 눈치 채지 못한다니까.
- よく噛みゃ、いいんでしょう。 잘 씹으면 되겠죠.

＊べば → びゃ

- お前の耳は一体何回呼びゃ、聞こえるんだ。 너의 귀는 도대체 몇 번을 불러야 들리니?
- このプレゼントでむすめがよろこびゃ、いいんだけどね。

   이 선물로 딸이 기뻐하면 좋을 텐데 말야.

気持ち

1. 기분, 감정, 심정, 마음, 의사
   - 気持ちいい朝。 기분 좋은 아침.
   - 泣きたい気持ち。 울고 싶은 심정.
   - 気持ちを落ち着ける。 마음을 가라앉히다.

2. 몸의 상태, 느낌
   - 二日酔いで気持ちが悪い。 숙취로 상태가 안 좋다.

3. 마음의 표현
   - ほんの気持ちだけですが、お収めください。
     그저 성의뿐이지만 받아 주십시오. (마음만 있고 대단한 물건이 아니라는 표현. 선물할 때 사용)

なんで

1. 어째서, 왜 = どうして・なぜ
   - なんで泣いてるの。 왜 울고 있지?

2. (반어적으로) 강하게 부정하는 뜻을 나타냄. 어째서, 어떻게(~그럴 수 있겠는가)
   - いまさらなんでおめおめ帰れよう。 이제 와서 어찌 이 꼴을 하고 돌아갈 수 있으랴.

ら抜き言葉

1단동사에 られる를 붙여 만드는 가능형에서 ら를 빼고 발음하는 경우가 있다.

- 出る(나오다)　　→　出られる　　→　出れる(나올 수 있다)
- 来る(오다)　　　→　来られる　　→　来れる(올 수 있다)
- 起きる(일어나다)　→　起きられる　→　起きれる(일어날 수 있다)

- これ一人で食べれますか? 이거 혼자서 먹을 수 있어요?
- あれを見れたのは、ほんとうラッキーだね。 저걸 볼 수 있었던 것은 정말 행운이다.

드라마 속에서

安藤 ：要りません。絶対そんなの食べれませんから。
　　　　無理です。

雪平 ：あんた本当に付き合い悪い男だな。

안도 ： 필요없습니다. 절대 그런 거 못 먹으니까요. 무리입니다.

유키히라 :너 진짜 같이 못 놀 놈이구나.

단어 要(い)る 필요하다 | 無理(むり) 무리 | 付(つ)き合(あ)う 사귀다, 교제하다, 행동을 같이 하다

アンフェア 언페어(2006년) 중에서(제1화 중반부)

형사였던 아버지가 권총에 살해당하고, 범인을 찾지 못한 채 미해결 사건으로 남았다. 유키히라는 그 후 형사가 되어 본청의 수사과 검거율 넘버원의 이름을 날린다. 하지만 그녀에게도 미성년 발포사건이라는 아픈 과거와 그로 인한 이혼, 그 충격으로 인해 딸아이는 말까지 못하게 되는 사연이 있다. 아픈 과거를 발판삼아 항상 도약하는 유키히라를 둘러싸고 일어나는 연속 살인사건, 경찰들의 부패와 반전이 거듭됨에 따라 누가 범인인지 아무도 짐작할 수 없게 된다. 최종화의 대반전은 예상을 뒤엎는 인상 깊은 드라마.

36 プライド 프라이드 (2004년)

주연 기무라 다쿠야(木村拓哉) 다케우치 유코(竹内結子) 사카구치 겐지(坂口憲二)

시놉시스 실업 아이스하키팀의 주장이자 스타 플레이어인 사토나카 하루는 아이스하키를 위해 연애를 하지 않기로 결심한다. 한편, 외국에 갔다가 한 남자에게 마음을 준 평범한 회사원 무라세 아키는 그 남자가 돌아오기만을 기다린다. 그러던 중, 친구의 권유로 아이스하키 경기를 보러 갔다가 하루를 만나게 되는데……. 아이스하키를 중심으로 펼쳐지는 남자들의 승부의 세계와 로망스가 어우러진 드라마.

TAKE SCENE

친구의 꾐에 넘어가 사토나카 하루와 어쩔 수 없이 데이트를 하게 된 아키. 스케이트장에서 넘어지려고 하는 아키를 하루가 들어 안아 스케이트를 타자, 아키가 내려달라고 소리친다.

제1화 | 중반부

亜紀 : ちょっと、ちょっと、ちょっと、ちょっと、

恥ずかしいから下ろしてよ。

ハル : 何が？ 大丈夫だって。いつもトレーニングの時、

60キロぐらいはつけてっから。

아키 : 잠깐만, 잠깐만, 잠깐, 잠깐, 창피하니까 내려줘요.

하루 : 뭐가 (창피해)? 괜찮다니까. 항상 트레이닝 때 60킬로그램 정도는 달고 있거든.

ちょっと 잠깐, 조금, 좀 | 恥(は)ずかしい 부끄럽다, 창피하다, 겸연쩍다 | ~から ~이니까 | おろす [降ろす・下ろす] 내리다, 내려놓다 | いつも 1. 언제나, 항상, 늘. 2. 평소, 평상시, 여느 때 | トレーニング 트레이닝, 연습, 훈련 | キロ 킬로 キログラム (kilogram) 킬로그램 | ~ぐらい 만큼, 정도, 가량, 쯤

る → っ

회화체에서 る는 촉음(っ)으로 바뀌어 발음되는 경우가 있다.

- 私がやるっから、それでいいだろう。 내가 할 테니까, 그걸로 됐지?
- もしかしたら買ってくれっかも知れないじゃない。 어쩌면 사 줄지도 모르잖아.
- すぐすっから、待ってよ。 금방 할 테니까 기다려.
- 普通そんなことすっかな。 보통 그렇게 할까?
- あんまりきれいになってっからびっくりした。 너무 예뻐져서 깜짝 놀랐다.
- そうすっとさ、見えてくるんだよ。 그렇게 하면 보이기 시작해.

드라마 실용 어휘&표현

くらい(ぐらい)

1. 어떤 사물을 예시하고 대강 그 정도임을 나타냄.
   - 一時間で歩けるくらいの距離。 한 시간에 걸을 수 있을 만한 거리.
   - 茶さじ一杯ぐらいの塩。 찻숟가락 하나 정도의 소금.

2. 정도가 낮은 한도를 나타냄.
   - ご飯くらい炊ける。 밥쯤은 지을 수 있다.
   - これくらいなら誰でもできる。 이 정도라면 누구나 할 수 있다.

3. 비교의 기준을 나타냄.
   - 彼くらいけちな男はいない。 그 사람만큼 인색한 남자는 없다.
   - 彼くらい英語が話せたらいいのだが。 그 사람만큼 영어를 말할 수 있다면 좋겠는데.

37 奥様は魔女

おく さま ま じょ

아내는 요술쟁이 (2004년)

주연 요네쿠라 로코(米倉涼子) 하라다 다이조(原田泰造) 나쓰키 마리(夏木マリ)
다케나카 나오토(竹中直人)
시놉시스 미국의 드라마를 일본화한 드라마. 마녀 아리사가 인간세계에서 인간 남자와 사랑에 빠지기를 꿈꾸며
가출한다. 외할머니의 인간과의 사랑을 어렸을 때부터 들어왔기 때문이다. 우연히 만난 인간 남자 마쓰이 조지
와 사랑에 빠져 결혼하는데……. 결혼 생활을 둘러싼 가족, 이웃, 인간관계 등의 해프닝이 재미있게 그려진 드
라마.

TAKE SCENE

아리사가 처음 만든 샌드위치를 회
사에 간식으로 가지고 온 마쓰이는
자랑하듯 회의 시간에 모두에게 먹
자고 꺼내놓는데, 한 입 먹은 직원
들이 모두 토하며 물을 찾는다. 하
지만 유일하게 꿋꿋히 울면서 먹고
있는 마쓰이에게 동료 여직원이 말
한다.

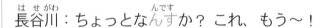

長谷川 : ちょっとなんすか？ これ、もう～！
は せ がわ　　　　　　んです

　　　　　ああ、ひどいっすよね。 マジっすか？
　　　　　　　　　 で　　　　　　　　　 で

　　　　　なんで食べられんっすか。
　　　　　　　　た　　　るので

松井　　 : うるせぇ～。 俺、辛いのが好きなんだよ。
まつ い　　　　さい　　　おれ　から　　す

長谷川 : 涙出てるじゃないんすか？
は せ がわ　なみだ で ている　　　ので

제1화 | 전반부

하세가와 : 잠깐, 뭡니까? 이거 정말. 아
　　　　　아, 너무하네요. 정말이세요?
　　　　　어떻게 먹을 수 있어요?
마쓰이 : 시끄러워. 난 매운 게 좋단 말
　　　　이야.
하세가와 : 눈물이 나오고 있잖아요.

ひどい 잔인하다, 무정하다, 참혹하다, 지독하다, 혹독하다, 심하다, 형편없다 | マジ 진짜, 정말, 진심 | 食
(た)べる 먹다 | うるさい 시끄럽다 | 俺(おれ) 나(남성전용 일인칭) | 辛(から)い 맵다 | 好(す)きだ 좋아
하다 | 涙(なみだ) 눈물 | 出(で)る 나가다, 나오다

실제로는 이렇게 말한다!

で → っ

회화체에서 で는 촉음(っ)으로 바뀌어 발음되는 경우가 있다.

- そうですか → そうっすか。 그럴습니까?
- 大丈夫です → 大丈夫っす。 괜찮습니다.
- いいですね → いいっすね。 좋네요.
- 安いでしょ → 安いっしょ。 싸죠?
- いいですよ → いいっすよ。 좋습니다.

드라마 실용 어휘&표현

もう

흔히 '이제, 이미, 벌써' 등의 뜻으로 쓰이는데, 회화체에서는 '정말, 참, 에이'처럼 불쾌, 불안 등의 감
정을 나타내는 감탄사로도 많이 쓰인다.

- もう〜！ 本当に行きたくないってば。 에이 참! 정말 가고 싶지 않다니까!
- なんだよ、もう！ お前も知らないのか。 뭐야, 정말! 너도 모르나?
- どうしよう、もう。 어떻하지 참!

マジ

'정말, 진짜, 진심' 등의 뜻으로 쓰인다. 주로 젊은 사람들이 많이 쓴다.

- これ、マジおいしいですね。 이거 정말 맛있네요.
- マジで怖かった。 진짜로 무서웠어.
- あの人、今度はマジだよ。 저 사람, 이번엔 진심이야.

38 Beautiful Life
뷰티풀 라이프 (2000년)

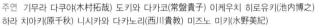

주연 기무라 다쿠야(木村拓哉) 도키와 다카코(常盤貴子) 이케우치 히로유키(池内博之)
하라 치아키(原千秋) 니시카와 다카노리(西川貴教) 미즈노 미키(水野美紀)

시놉시스 오토바이를 타고 가던 미용사 슈지와 자동차를 운전하던 도서관 사서 교코의 만남은 그리 탐탁치않은 것이었다. 하지만 휠체어를 탄 장애인이면서도 밝고 꿋꿋하게 일하는 교코의 모습에 슈지는 마음이 끌리고, 자신을 장애인 취급하지 않는 슈지에게 교코도 마음이 끌린다. 그러던 어느 날 잡지에 실릴 모델을 구하기가 어려워지자 교코를 떠올리고는 그녀에게 부탁한다.

TAKE SCENE

헤어모델을 해 준 교코에게 감사의 답례로 식사를 대접하겠다는 슈지. 하지만 휠체어에 탄 그녀를 받아주는 식당이 없어 헤메고 다니는데 …….

바로
이 장면
찾아서 보기

제1화 | 후반부

修二 : はい。はい。すいません。ひどく ねぇ かぁ。駄目だって。

杏子 : そっか。

修二 : 頭くるな、チキショー。ほんとに！

杏子 : 仕方ないよ。車椅子で中入れる店って少ないからね。

슈지 : 네. 네. 죄송합니다. 너무하지 않냐?
　　　 안 된대.
교코 : 그래?
슈지 : 돌겠네, 젠장. 정말!
교코 : 어쩔 수 없지 뭐. 휠체어로는 안에
　　　 들어갈 수 있는 가게가 적으니까.

단어

ひどい 잔인하다, 무정하다, 참혹하다, 지독하다, 혹독하다, 심하다, 형편없다 | 駄目(だめ)だ 안 된다 | 頭(あたま) 머리 | くる 오다. 頭にくる(화가 나다, 머리가 돌다) | チキショー 축생, 짐승, 흔히 욕하는 말로 쓰임 | 仕方(しかた)ない 방법이 없다, 어쩔 수 없다 | 車椅子(くるまいす) 휠체어 | 入(はい)れる 들어갈 수 있다. 入(はい)る의 가능형 | 少(すく)ない 적다

110

실제로는 이렇게 말한다!

회화체에서 장음이 촉음(っ)으로 바뀌어 발음되는 경향이 있다. 아래에서는 대표적으로 う를 예로
들어 놓았지만 う만이 아닌 다른 장음들도 촉음(っ)으로 발음되는 경향이 있다.

う → っ

회화체에서 장음 う는 촉음(っ)으로 바뀌어 발음되는 경우가 있다.

* 장음이 촉음(っ)으로 바뀌어 발음될 수 있다.

- あ、そっか。아, 그래?
- やめよっかな。그만둘까?
- どうしよっか。어떡하지?
- 映画でも見よっかな。영화라도 볼까.
- これ、買っちゃおっか。이거 사버릴까.

장음 생략

구어체에서는 'ほんとう'가 'ほんと'처럼 장음을 생략하여 짧게 발음하는 경우도 자주 볼 수 있다.

- 早く行こう。→ 早く行こ。빨리 가자.
- これは一体なんでしょう → これは一体なんでしょ。이건 도대체 뭐죠?
- ま、いっか。뭐 괜찮겠지.
- あら、おっきなケーキだね。어머 커다란 케이크네.
- 面倒くさい → めんどくさい 귀찮다.
- 大丈夫 → だいじょぶ 괜찮다.
- 早く食べよう。→ 早く食べよ。빨리 먹어.
- ありがとう → ありかと 고마워.

39 チープラブ
치프러브 (1999년)

주연 소리마치 다카시(反町隆史) 쓰루타 마유(鶴田真由)
시놉시스 유흥업소의 스카우트맨인 야나세 준이치는 파트너인 가가야 료와 이케부쿠로 길거리에서 예쁜 여자들을 찾아 스카웃하며 대충대충 살아간다. 한편 모범생 스타일로 평범하게만 살아온 음악교사 나나미는 아버지의 부하직원과 선을 보고 자신의 인생을 돌아보며 미래에 대해 고민한다. 너무나도 무미건조하고 따분한 인생이다. 그런 그녀에게 사고뭉치 인간말종 준이치가 나타난다. 무료한 삶에서 탈출하려는 나나미와 되는대로 살아가는 준이치의 사랑 이야기.

TAKE SCENE

준이치는 쥬리라는 여자를 술집에 소개하는데, 쥬리는 가불을 하여 도망버린다. 그 소식을 들은 준이치는 쥬리를 잡아오지만, 쥬리가 눈물을 흘리며 일을 하지 못하겠다고 사정하자, 스스로 해결하려 한다. 하지만 술집에서는 그냥은 안 되고 손가락이라도 잘라 책임을 지라고 하는데…….

男の人：世話かけさすんじゃねぇよ。こら。

純一　：わあああ! ああ!!

男の人：消毒だよ、消毒。

純一　：ううう。ふざけんな、ボケ。

바로
이 장면
찾아서 보기

제1화 | 후반부

남자　 : 민폐 끼치면 안 되지. 쨔샤!
준이치 : 아악!! 아아!!
남자　 : 소독이야, 소독.
준이치 : 으윽- 웃기지마, 이 자식!

世話(세와) 1. 도와줌, 보살핌, 시중듦. 2. 주선, 알선, 소개, 추천. 3. 성가심, 번거로움, 폐, 신세. 4. 세상 소문. 5. 서민적·통속적인 일 | こら (남자가) 상대방을 꾸짖거나 위협하거나 하기 위하여 강하게 부르는 말 | 消毒(しょうどく) 소독 | ふざける 1. 희롱거리다. 농담하다. 장난치다. 2. 깔보다, 놀리다. 3. (남녀가) 시시덕거리다, 새롱거리다 | ぼけ 지각이 둔해짐, 흐리멍덩해짐, 멍청해진 사람

せる → す

구어체에서 せる를 す로 발음하는 경우도 있다.

- すぐ調(しら)べさす(せる)から、ちょっと待(ま)って。 바로 조사하게 할 테니까, 조금만 기다려.
- あいつを行(い)かす(せる)んじゃなかった。 그 녀석을 가게 하는 게 아니었어.

드라마 **실용 어휘&표현**

世話(せ わ)

1. 도와줌, 보살핌, 시중듦
   - 病人(びょうにん)の世話(せ わ)をする。 병자를 보살피다.

2. 주선, 알선, 소개, 추천
   - よい医者(いしゃ)を世話(せ わ)してくれた。 좋은 의사를 소개해 주었다.

3. 성가심, 번거로움, 폐, 신세
   - お世話(せ わ)を掛(か)けてすみません。 폐를 끼쳐서 미안합니다.

ふざける

1. 희롱거리다, 농담하다, 장난치다
   - ふざけないで、真面目(まじめ)に考(かんが)えてくれ。 농담 말고 진지하게 생각해 주게.

2. 깔보다, 놀리다
   - ふざけるな。 까불지 마라.

3. (남녀가) 시시덕거리다, 새롱거리다
   - 人前(ひとまえ)もかまわずふざける。 남의 눈도 아랑곳하지 않고 시시덕거리다.

40 富豪刑事 부호형사 (2005년)

주연 후카다 교코 (深田恭子) 니시오카 도쿠마(西岡徳馬) 야마시타 신지(山下伸司)
마스 다케시(升毅) 데라지마 스스무(寺島進) 사이네이 류지(載寧竜二) 아이지마 가즈유키(相島一之)

시놉시스 운전사 딸린 리무진에 명품 옷 입고 출근, 지각일 땐 헬기로 출근하는 형사? 젊은시절 남의 눈에 피 눈물나게 하며 악덕하게 부호가 된 할아버지 간베는 손녀 미와코가 형사가 되자 정의를 위해 자신의 재산을 다 써버리는 것만이 옛날의 죄값을 치르는 길이라며 사건 때마다 천문학적인 돈을 제공하는데 왠지 사건이 해결되면 돈을 더 벌게 된다.

TAKE SCENE

현금 운송차 강탈사건의 용의자인 스다에게 접근하는 미와코. 스다가 참여하고 있는 아름다운 환경보호, 쓰레기 불법 투기를 반대하는 운동 현장에서 미와코가 자신이 살고 있는 곳도 숲에 둘러싸여 있기 때문에 남의 일 같지가 않다고 숲의 중요성을 이야기하는데……

바로 이 장면 찾아서 보기

제1화 | 중반부

女の人１：あなたの家って森の中にあるの?

女の人２：ずいぶん田舎の方に住んでんのね。

美和子　：いいえ。森の中に家があるのではなく、

　　　　　家の中に森があるのです。

여자 1 : 당신 집은 숲 속에 있어요?
여자 2 : 꽤나 시골 쪽에 살고 있네.
미와코 : 아니요. 숲 속에 집이 있는 것이 아니라 집 속에 숲이 있는 거죠.

실제로는 이렇게 말한다!

と, という, といって, というのは, というのが → って

회화에서 って는 다양한 용법으로 쓰인다. 따라서 문맥에 맞게 해석하고, 사용할 줄 알면 자연스런 회화를 구사할 수 있다. 쓰이는 의미는 ～と(～라고), ～という(～라는), ～といって(～라고 해서), ～というのは(～라는 것은), ～というのが(～라는 것이) 등이다.

- それが嘘だってばれたら、どうすんのだよ。 그게 거짓말이라고 들통나면 어떡해?
- 明日行くって言ったじゃない？ 내일 간다고 하지 않았어?
- 結婚ってのはな、お互い責任を持つってことだ。
  결혼이라고 하는 것은 말이지, 서로가 책임감을 가진다고 하는 것이야.
- ここで帰るってのは失礼じゃない？ 여기서 돌아간다고 하는 것은 실례 아냐?

* こと, もの, わけ 앞에 って가 있을 경우엔 반드시 という에서 온 것이라는 사실과 言(い)う 앞에 오는 って는 と의 변화라는 사실도 기억해 두자.

- 辞めないで。ふられたからって辞めないで。 포기하지 마. 채였다고 해서 포기하지 마.
- 学校に行くって出かけましたよ。 학교에 간다고 하고 나갔습니다.
- コンピューターって便利ですね。 컴퓨터라고 하는 것은 편리하군요.
- これっていくらですか。 이것은 얼마입니까?

))))))))

드라마 실용 어휘&표현

の

이 종조사는 우리말로 해석이 되지는 않지만, 질문과 단정에서 주로 사용한다. の를 사용함으로써 문장이 좀더 부드러워진다.

- そんなこともできないの？ 그런 것도 못해? (질문)
- それ、本当なの？ 그거 정말이야? (질문)
- 私も知らなかったの. 나도 몰랐어.(단정)
- 違うの。これは友達の物なの。 아냐. 이것은 친구 거야. (단정)

115

41 成田離婚

なりた りこん

나리타 이혼 (1997년)

주연 구사나기 쓰요시(草なぎ剛) 세토 아사카(瀬戸朝香) 후카쓰 에리(深津絵里)
아베 히로시(阿部 寛)

시놉시스 크리스마스 이브날, 이치로는 실수를 해서 잔업을 해야 하는 처지가 되고 유코는 애인에게 차인다. 우연히 만난 두 사람, 스피드 결혼을 하게 되는데, 결혼식 준비 때부터 마음에 서로 안 들던 것이 결혼하는 날은 물론이고 급기야 신혼여행에 가서까지 서로 불만이 쌓인다. 신혼여행에서 돌아오는 길에 서로 이혼하기로 합의를 보는데, 결혼하기보다 이혼하기가 더 힘든 코믹 드라마.

TAKE SCENE

신혼여행에서 돌아오는 길에 서로 이혼하자고 말다툼을 한 유코와 이치로. 친정에 갔다가 다음날 돌아온 그녀에게 정 갈데가 없으면 이 집에 있으라고 말하자 유코는 발끈하며 이 집의 반은 자기 것이라고 또 다투기 시작한다.

바로
이 장면
찾아서 보기

제1화 | 후반부

夕子 : 私だって協力したでしょ。

ゆうこ　わたし　も　きょうりょく

お父さんに頼んだのも私だし、このソファーだって、

とう　たの　わたし　も

カーテンだって、そうよ。

も

このテーブルだってあたしが買ったの。

も　か

유코 : 나도 도왔잖아요. 아버지에게 부탁한 것도 나고, 이 쇼파도, 커튼도 그래.
　　　이 테이블도 내가 산 거야.

단어

協力(きょうりょく) 협력 | 頼(たの)む 부탁하다 | ソファー 쇼파 | カーテン 커튼 | テーブル 테이블 | 買(か)う 사다

116

드라마에서 뽑은
실제로는 이렇게 말한다!

も→ だって

구어체에서는 조사 'も(~도)'가 だって로 바뀌어 표현될 수 있다. 이 경우 매우 강조하는 표현이 된다.

- 私_{わたし}だって行_いきたいです。 저도 가고 싶어요.

- これだって必要_{ひつよう}でしょ? 이것도 필요하죠?

- あなただって知_しらないじゃない? 너도 모르잖아.

- 仕事_{しごと}だって今_{いま}まで以上_{いじょう}に頑張_{がんば}ります。 일도 지금까지 이상으로 노력하겠습니다.

- 先生_{せんせい}だって知_しらないのはいっぱいありますよ。 선생님일지라도 모르는 것은 많이 있습니다.

드라마 실용 어휘&표현

買_かう

1. 사다, 구입하다
   - 品物_{しなもの}を買_かう。 물건을 사다.

2. (원한 등을) 자초하다
   - 人_{ひと}の恨_{うら}みを買_かう。 남의 원한을 사다.
   - 怒_{いか}りを買_かう。 노여움을 사다.

3. (장점으로서) 인정하다, 평가하다
   - 彼_{かれ}の努力_{どりょく}を買_かう。 그의 노력을 높이 평가하다.
   - 批評家_{ひょうか}たちは彼_{かれ}の作品_{さくひん}を高_{たか}く買_かっている。 비평가들은 그의 작품을 높이 평가하고 있다.

4. (흔히 買って出る의 꼴로) 자청해 나서다
   - 喧嘩_{けんか}を買_かって出_でる。 (남의) 싸움을 맡고 나서다.
   - 一役_{ひとやく}買_かう。 자진해서 한 역할을 맡다.

42 ドラゴン桜(ざくら) 드래곤 사쿠라 (2005년)

주연 아베 히로시(阿部寛) 하세가와 교코(長谷川京子) 야마시타 도모히사(山下智久)

시놉시스 대학 진학률이 2%에 불과하면서도 떠안고 있는 부채만 24억 엔. 바로 사립고등학교 류잔의 현실이다. 이에 도쿄지방법원은 사쿠라기라는 변호사에게 이 고등학교의 정리를 맡긴다. 작업에 착수한 사쿠라기. 그러나 때를 같이해 교사들의 반발이 일고, 설상가상으로 지난날 폭주족의 리더였음이 밝혀지면서 삼류변호사라는 낙인이 찍힌다. 이 난국을 타계하기 위해 사쿠라기는 명예회복을 선언하고, 도쿄대학에 입학하는 학생을 배출함으로써 이 학교를 재건하려 한다. 불가능할 것 같은 그의 계획은 수많은 난관을 맞게 되는데……

TAKE SCENE

도쿄대학만을 목표로 한 특별진학반을 만든 사쿠라기는 담임이 되어 줄 선생이 없자 자신이 담당한다. 새로운 선생님으로 전교생에게 인사를 하기 위해 조회를 시작하는데, 학생들은 아무도 사쿠라기 선생의 말을 들으려 하지 않는다.

바로 이 장면 찾아서 보기

제1화 | 중반부

桜木(さくらぎ) : 東大(とうだい)出(で)りゃ人生(じんせい)180度(ど)変(か)わるんだ。

お前(まえ)だってうすうす感(かん)じてんだろ。

このまま行(い)きゃろくな人生(じんせい)じゃないってな。

こんなバカ学校(がっこう)出(で)たって将来(しょうらい)お先(さき)真(ま)っ暗(くら)だ。

사쿠라기 : 도쿄대학 나오면 인생 180도 바뀐다. 너도 어렴풋이 느끼고 있겠지. 이대로 가면 제대로 된 인생이 아니란 걸 말이야. 이런 꼴통 학교 나와 봐야 장래 앞날이 캄캄해.

東大(とうだい) 東京(とうきょう)大学(だいがく)의 준말 | 人生(じんせい) 인간이 살고 있는 기간, 일생, 인생 | 変(かわ)る 바뀌다 | うすうす 희미하게, 어렴풋이, 어슴푸레하게 | 感(かん)じる 느끼다 = 感ずる | ろくな 제대로 된, 쓸만한 | 学校(がっこう) 학교 | 将来(しょうらい) 장래, 미래, 전도 | 真(ま)っ暗(くら) 아주 캄캄함

실제로는 이렇게 말한다!

ても → たって / でも → だって

조사 ても가 구어체에서는 たって로, 조사 でも는 だって로 바뀌어 표현될 수 있다.

- 頑張<ruby>かんば</ruby>っても無駄<ruby>むだ</ruby>よ。 → 頑張<ruby>かんば</ruby>ったって<ruby>ても</ruby>無駄<ruby>むだ</ruby>よ。 노력해도 소용없어요.
- 食<ruby>た</ruby>べても大丈夫<ruby>だいじょうぶ</ruby>ですよ。 → 食<ruby>た</ruby>べたって<ruby>ても</ruby>大丈夫<ruby>だいじょうぶ</ruby>ですよ。 먹어도 괜찮아요.
- 先生<ruby>せんせい</ruby>と言<ruby>い</ruby>ってもアルバイトみたいなもんですから。
  → 先生<ruby>せんせい</ruby>と言<ruby>い</ruby>ったって<ruby>ても</ruby>アルバイトみたいなもんですから。
  선생님이라고 해도 아르바이트 같은 거니까요.
- おれだって<ruby>でも</ruby>、好きじゃないんだ。 나도 싫어.

실용 어휘&표현

将来<ruby>しょうらい</ruby>

'장래, 미래' 등의 뜻을 가진 명사인데, 부사적으로도 쓰여 '장차, 장래에, 미래에' 등의 뜻으로도 쓰인다.

- 近<ruby>ちか</ruby>い将来<ruby>しょうらい</ruby>。 가까운 장래.
- 将来<ruby>しょうらい</ruby>のある青年<ruby>せいねん</ruby>。 장래가 있는[유망한] 청년.
- 将来<ruby>しょうらい</ruby>どうなるだろうか。 장차 어떻게 될까.
- 将来<ruby>しょうらい</ruby>医者<ruby>いしゃ</ruby>になりたい。 장차 의사가 되고 싶다.

ろくだ

형용동사로, '제대로 되다, 쓸만하다' 등의 뜻을 갖는다.

- ろくなものがないね。 쓸만한 물건이 없네.
- 仕事<ruby>しごと</ruby>もろくに出来<ruby>でき</ruby>ないくせに。 일도 제대로 못하면서.
- うちのおばあちゃんは視力<ruby>しりょく</ruby>が落<ruby>お</ruby>ちて、ろくに字<ruby>じ</ruby>も読<ruby>よ</ruby>めないのよ。
  우리 할머니는 시력이 떨어져서 제대로 글도 못 읽어.

43 スローダンス

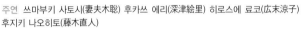

슬로우 댄스 (2005년)

주연 쓰마부키 사토시(妻夫木聡) 후카쓰 에리(深津絵里) 히로스에 료코(広末涼子)
후지키 나오히토(藤木直人)

시놉시스 영화감독의 꿈을 갖고 있던 세리자와 리이치(芹沢理一, 쓰마부키 사토시)는 현실과 타협, 영화감독의 꿈을 버리고 자동차교습소에서 교관을 하고 있다. 의류업체의 점장 마키노 이사키(牧野衣咲, 후카쓰 에리)는 옛날 리이치가 고등학교 때 교생으로 나갔던 적이 있는데 면허를 따러 왔다가 우연히 만나면서 드라마는 시작된다. 두 사람의 유쾌한 사랑 이야기.

TAKE SCENE

우연히 리이치의 형을 만난 마키노는 술 한잔 하자는 말에 리이치의 집에 오게 되고, 술이 떨어졌다며 리이치의 형이 나간 사이 때마침 리이치가 여자 친구를 데리고 들어온다. 이런 저런 대화가 오가던 사이 리이치에게 도움을 주려 한 마키노의 말이 오해를 사 여자 친구가 뛰쳐나가 버린다. 화가 난 리이치의 기분을 살피며 마키노가 말을 건다.

牧野 ：いいじゃん。彼女が誰好きだって。

ほかの誰好きだって、関係ないじゃん。

まぁ、お兄さん好きってのはちょっと関係あるかも

しんないけど。

마키노 : 괜찮잖아. 그녀가 누굴 좋아하던, 다른 누굴 좋아하던 상관없잖아.
뭐, 형을 좋아한다고 하는 것은 좀 관계가 있을지 모르겠지만.

바로
이 장면
찾아서 보기

제2화 | 후반부

단어 いい 1. 좋다. 2. (반어적으로) '나쁘다'란 뜻도 나타냄 | 誰(だれ) 1. 누구. 2. 불특정인을 일컫는 말 | 好(す)きだ 좋아하다 | 関係(かんけい) 관계 | まあ 1. 놀라거나 뜻밖의 일을 당했을 때 내는 소리. 어머, 어머머, 깜짝이야. 2. (충분하지는 않지만 만족할 수 있는 정도를 나타내어) 그런대로, 아쉬운 대로, 그럭저럭, 이를테면

드라마에서 **뽑은**

실제로는 이렇게 말한다!

ても → たって / でも → だって

ても가 구어체에서는 たって로, でも가 だって로 바뀌어 표현될 수 있다.

- いくら飲んでも酔わないね。 → いくら飲んだって酔わないね。아무리 마셔도 취하질 않네.
- 死んでもいやです。 → 死んだっていやです。죽어도 싫습니다.
- こんなことは学校でも教えてくれないよ。 → こんなことは学校だって教えてくれないよ。
  이런 일은 학교에서도 안 가르쳐 줘.

조사 'も(도)'가 だって로 바뀌는 것을 앞에서 익혔는데, 앞으로 だって가 들리면 조사 も의 뜻인지 でも의 뜻인지 잘 이해할 수 있도록 많이 연습해 두자.

드라마 **실용 어휘&표현**

いい

1. 좋다　・いい天気だ。좋은 날씨이다.

2. 그 정도면 충분하다　・酒はもういい。술은 이제 그만.

3. 반어적으로 부정적 뉘앙스로도 쓰인다　・いい年して。나잇살이나 먹은 주제에.

まあ

1. 놀라거나 뜻밖의 일을 당했을 때 내는 소리, 어머, 어머나, 깜짝이야
   ・まぁ、驚いた。어머! 깜짝이야.

2. (만족스럽지는 못하나) 그런대로, 아쉬운 대로, 그럭저럭, 이를테면
   ・まぁ、いい作品だね。그런대로 좋은 작품이군.

121

44 GTO Great Teacher Onizuka (1998년)

주연 소리마치 다카시(反町隆史) 마쓰시마 나나코(松嶋菜々子)

시놉시스 폭주족이자 학교의 문제아였던 오니즈카가 학교 교사가 되었다. 그런데 공교롭게도 학교에서 제일 문제아들만 모였다는 반을 맡게 된다. 오니즈카는 등교 거부, 이지메를 하거나 당하는 아이들, 가정 문제 등 여러 가지 문제점을 안고 있는 학생들과 그들의 고민을 하나씩 풀어간다. 학생들의 선생이면서 또한 친구가 되어가면서 진정한 교사로서의 모습을 가꾸어 가려는 그에게 학생들은 과연 닫아버린 마음의 문을 열어 줄 것인가?

TAKE SCENE

오니즈카의 사진을 조작해 학교 게시판에 붙였던 기쿠치는 순순히 자신의 행동임을 자백하고, 당신한테 공부를 배우느니 집에서 혼자 공부하는 게 낫다며 등교 거부를 한다. 한편 교감선생인 나카무라는 오니즈카를 불러 도쿄대 100퍼센트 합격할 우등생을 등교거부하게 만들었다며 어떻게든 설득시켜 데려오라고 한다. 실패하고 돌아온 오니즈카에게 교감선생님이 묻는다.

바로 이 장면 찾아서 보기

제2화 | 중반부

中村(なかむら) ： それで、そのまま帰(かえ)ってきたのか?

鬼塚(おにづか) ： 当(あ)たり前(まえ)じゃないですか。本人(ほんにん)が来(き)たくないっつってんだから仕方(しかた)ないじゃないですか。

中村(なかむら) ： 本当(ほんとう)にちゃんと説得(せっとく)したのか、君(きみ)は?

나카무라 ： 그래서, 그대로 돌아온건가?
오니즈카 ： 당연하잖습니까? 본인이 오고 싶지 않다고 하는데 어쩔 수 없잖습니까?
나카무라 ： 정말 제대로 설득한건가, 자네는?

단어

それで 그래서 | そのまま 그대로 | 帰(かえ)ってくる 돌아오다 | 当(あ)たり前(まえ) 당연함, 마땅함, 예사, 보통, 정상 | 本人(ほんにん) 본인 | 仕方(しかた) 하는 방법, 수단, 거동, 처사, 처신, 몸짓, 손짓 | 仕方(しかた)がない 달리 방법이 없다, ~하는 수밖에 없다, 틀려먹다, 쓸모 없다 | 説得(せっとく) 설득

실제로는 이렇게 말한다!

という・とゆう → っつう・っちゅう

という 또는 とゆう가 구어체에서는 っつう 또는 っちゅう로 바뀌어 표현될 수 있다. 이 때 っつう 또는 っちゅう는 5단동사처럼 활용한다.

- それはなんっつうの? 그것은 뭐라고 하는 거야?

- 本当にそれでいいっつうの? 정말로 그걸로 괜찮다는 거야?

- 知ってるっつっても詳しくは知らないよ。알고 있다고 해도 자세히는 몰라.

- 行かないっつったじゃん。안 간다고 했잖아.

- 見るなっつったら見るなよ。보지 말라고 하면 보지 마라.

- もう本当に狙いじゃねぇっちゅうの。정말 진짜로 노린 게 아니라는 거야?

- あんたには常識っちゅうもんがないの? 너에겐 상식이라는 게 없니?

드라마 실용 어휘&표현

仕方がない ＝ 仕方ない

1. (~より 仕方がない의 꼴로도 씀) 달리 방법이 없다, ~하는 수밖에 없다
   謝るより仕方なかった。사죄하는 수밖에 도리가 없었다.

2. 틀려먹다, 쓸모 없다.
   怠けてばかりいて仕方がない奴だ。게으름만 부리고 틀려먹은 놈이다.

3. 어찌할 도리가 없다, 견딜 수 없다
   可愛くて仕方がない。귀여워죽겠다.

45 秘密
ひ みつ
비밀 (1999년 개봉 영화)

주연 히로스에 료코 (広末 涼子) 고바야시 가오루(小林薫)

시놉시스 버스 한 대의 사고로 헤이스케의 사랑하는 아내 나오코와 딸 모나미는 사경을 헤매고 있고, 병원 응급실에서는 버스 사고 소식을 듣고 온 가족들이 자기 가족들을 찾느라 바쁘다. 이 정신없는 상황에서 조그마한 기적이 헤이스케에게 찾아온다. 아내 나오코가 숨을 거두며 그녀의 몸에서 빠져나온 영혼이 딸의 몸으로 빙의 된 것이다. 딸의 몸을 빌린 사랑하는 아내. 딸의 몸으로 남편을 사랑하는 아내. 결말은……. "사랑하기 때문에 비밀입니다."

TAKE SCENE

버스회사에서는 버스 사고의 보상에 관한 설명을 유족들에게 한다. 버스 운전사의 아들이 사과하러 오지만 유족들은 차갑기만 하고, 모나미는 대학생 아들의 학비를 위해 밤잠도 안 자고 아르바이트를 한다고 이야기했던 버스 운전사의 대화를 회상한다.

바로
이 장면
찾아서 보기
————
영화 | 전반부

同僚　：またトラックやってんの? ばれたらやばいじゃない?
どうりょう　　　　　　　　　　　　　る

運転手：だって俺、これしかできないもん。
うんてんしゅ　　　おれ

同僚　：だけど、バイトはしんどいでしょ。
どうりょう

運転手：いや、そうでもないよ。
うんてんしゅ

　　　　家族の幸せが俺の幸せ、なんちゃってね。
　　　　かぞく　しあわ　　おれ　しあわ

동료　：또 트럭 운전 하고 있어? 발각되면 위험하지 않아?
운전수：그치만 난, 이것밖에 할 수 있는 게 없는 걸.
동료　：그래도 아르바이트는 고단하지?
운전수：아니, 그렇지도 않아. 가족의 행복이 나의 행복……. 뭐 그런 거 있잖아.

단어

トラック ＝ トラック運転手(うんてんしゅ)의 줄임말 | しか ~밖에(한정) | バイト 알바. アルバイト (아르바이트)의 줄임말 | 家族(かぞく) 가족 | ばれる (俗) 들통나다, 발각되다, 탄로 나다 | やばい (俗) 좋지 않은 상황이 예측되는 모양. 위험하다, 큰일이다 | しんどい 1. 힘들다, 어렵다, 벅차다, 지겹다. 2. 고단하다, 나른하다 | もん ~인 걸

실제로는 이렇게 말한다!

もの → もん

~もの는 문장 끝에 붙어서 자기의 주장이나 처한 상황을 강조하는 역할을 하거나 응석 또는 불만을 나타내는 표현이기도 하다. 뜻은 '~인 걸'. 회화체에서는 もん으로 바뀌어 발음되는 경우가 있다.

- 私(わたし)も知(し)りたいもん。 나도 알고 싶은 걸.
- まだお腹(なか)すいてないもん。 아직 배고프지 않은 걸 뭐.
- 本当(ほんとう)に知(し)らなかったんですもの。 정말로 몰랐는 걸요.

드라마 실용 어휘&표현

しか

(뒤에 부정어를 수반하여) '~밖에 아니다(없다)'의 뜻으로 쓰인다.

- この店(みせ)は安物(やすもの)しかない。 이 가게에는 싸구려 물건밖에 없다.
- 片言(かたこと)しか話(はな)せない。 서투른 말밖에 못 한다.
- 今千円(いまぜんえん)しか持(も)っていない。 지금 천 엔밖에 갖고 있지 않다.

흔히 だけ(~뿐, ~만)와 혼동되는데, だけ는 보통 뒤에 부정어를 수반하지 않는다.

- この店(みせ)は安物(やすもの)だけです。 이 가게에는 싸구려 물건뿐입니다.
- 片言(かたこと)だけ話(はな)せます。 서투른 말만 말할 수 있습니다.

なんちゃって

이것은 어떤 말을 하고 나서, 그 말로 인해 어색해진 분위기를 얼버무리려는 표현이다. 굳이 해석을 하자면, '뭐 그런 거 있잖아' 정도가 될 것이다. 한편, なんちゃって優等生(ゆうとうせい)처럼 어떤 단어의 앞에 오면, '사실은 그렇지 않으면서 그런 척하는 사람'이라는 뜻. '가짜 우등생'.

46 BRAND 브랜드 (2000년)

주연 이마이 미키 (今井美樹) 이치가와 소메고로 (市川染五郎)
시놉시스 여주인공 미도리는 일류 브랜드사인 디온에서 일하는 커리어우먼이다. 브랜드를 무조건 숭배하거나 또는 혐오하는 사람들에게 진정한 의미의 브랜드를 전하고 싶어한다. 오로지 일에만 전념해 온 그녀에게 어느 날 갑자기 일주일이라는 휴가가 주어진다. 어떻게 써야 할지 난처해진 미도리는 아무 생각 없이 동물원에 들르게 되고 거기에서 돈을 내야 하는 먹이를 멋대로 집어서 원숭이에게 주고 있는 소이치로라는 남자를 만나게 된다. 미도리는 격식이 있는 다도가의 후계자이자 10살 연하인 소이치로에게 점점 끌리는데……

TAKE SCENE

다도가의 후계자인 소이치로. 그의 아버지는 아들보다 10살 연상인 미도리에게 정말 결혼할 것인지, 후계자 문제나 첫째가 아들이 아니면 아들을 낳을 때까지 아이를 낳을 수 있는지 집요하게 물으며 이 결혼이 얼마나 힘든지를 이야기한다. 생각할 시간을 달라며 집으로 돌아온 미도리는 아버지에게 그 집에 다녀온 이야기를 한다.

바로
이 장면
찾아서 보기

제11화 | 전반부

父親：会ったって、向うの親父にか?

碧　：まあね。

父親：お、それで、どうだったんだい?

碧　：いろいろと言われたわ。その年で、跡取りは産めるのか、仕事は辞められるのかってね。ふん、ほとんどセクハラ発言でしょ。

아버지 : 만났다니? 저쪽의 아버지를?
미도리 : 으응.
아버지 : 오, 그래서, 어땠니?
미도리 : 여러 가지 말을 들었어. 그 나이에 2세는 낳을 수 있느냐. 일은 그만둘 수 있느냐고. 흥! 거의 성희롱 발언이죠?

단어

会(あ)う 만나다 | 向(むこ)う 맞은편, 건너편, 저쪽, 상대편, 이후, 금후, 향후 | 親父(おやじ) 아버지 | 色々(いろいろ) 여러 가지, 갖가지, 가지각색 | 産(う)む 낳다, 분만하다, 생기게 하다 | ほとんど 대부분, 거의, 하마터면 | 発言(はつげん) 발언 | 跡取(あとと)り 상속자. 跡継(あとつ)ぎ, 後継(あとつ)ぎ, 世継(よつ)ぎ 등도 같은 뜻이다 | セクハラ 성희롱(sexual harassment)

126

드라마에서 뽑은
실제로는 이렇게 말한다!

だ → だい / か → かい

だ를 だい로, か를 かい로 바꾸어 말하는 경우가 있다. 동료·손아랫사람에 대해 허물없는 대화에서 주로 나이든 사람들이 쓴다.

- どうしたんだい、元気出せよ。 어떻게 된 거냐, 기운을 내라.
- いつまでねんねでいるのだい。 언제까지 철부지로 있을 거냐.
- その話本当かい。 그 이야기 정말이냐?
- 君も俺と一緒に働こうと思わんかい。 자네도 나하고 같이 일할 생각이 없는가?

드라마 **실용 어휘&표현**

あう

1. 만나다, 대면하다(会う)
   - 友達に会う。 친구를 만나다.

2. 우연히 마주치다(逢う)
   - おじいさんが猪に出逢った時の話。 할아버지가 돼지와 마주쳤을 때의 이야기.

親父

1. 아버지, 부친, 성인 남자가 격의 없는 자리에서 자기 아버지를 일컫는 말
   - 七つの時、親父は家出してしまった。 일곱 살 때 아버지는 가출해 버렸다.

2. 중년 이상의 남자나 남자 노인을 친근하게 또는 얕보아 하는 말
   - 頑固なおやじ。 완고한 남자(노인).　　・隣のおやじさん。 이웃집 영감.

3. (친근하게 일컫는 말로) 가게 주인, 직장 책임자, 회사 사장
   - うちのおやじさん。 우리 (회사) 사장님.　　・ラメン屋のおやじさん。 라면집 주인.

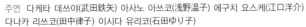

47 101 回目のプロポーズ

101번째 프로포즈 (1991년)

주연 다케타 데쓰야(武田鉄矢) 아사노 아쓰코(浅野温子) 에구치 요스케(江口洋介)
다나카 리쓰코(田中律子) 이시다 유리코(石田ゆり子)

시놉시스 건설회사의 만년 과장인 호시노. 결혼식 당일 사고로 신랑 될 사람을 잃은 첼리스트 가오루. 더 이상 남자를 만날 생각이 없는 가오루는 마지못해 호시노와 선을 보는데…… 한 여자의 마음을 열어 가는 한 남자의 순수한 사랑이야기. '나는 죽지 않습니다. 당신을 좋아하기 때문에 죽지 않습니다.'라는 명대사를 남긴 명작 드라마!

TAKE SCENE

마지막으로 사법시험에 합격하면 다시 한번 프로포즈를 할 기회를 달라는 호시노를 위해 가오루는 절에 가서 합격기원 부적을 사왔다. 동생 치에에게 대신 전해주라고 부탁하지만 아무런 마음 없이 단순히 전해주는 거라면 언니가 전해주라는 말에 발끈해진다.

바로
이 장면
찾아서 보기

제12화 | 전반부

カオル：渡すわ。単純に渡すわよ。宅急便で。

千恵　：だって、発表、明後日でしょ?

間に合わないんじゃないの? 冗談だってば。

そんなムキになんなくたってさ。

가오루 : 건네줄거야. 단순하게 건내줄거야, 택배로.

치에 : 그치만, 발표 모레잖아. 제때에 줄 수 있을까? 농담이라니까. 그렇게 화낼 것까진 없잖아.

 단어

渡(わた)す 건네다, 넘기다, 걸치다, 내주다, 양도하다 | 単純(たんじゅん) 단순 | 宅急便(たっきゅうびん) 택배, 택배편, 배달 | 発表(はっぴょう) 발표 | 明後日(あさって) 모레 | 冗談(じょうだん) 농담 | 間(ま)に合う 1. 급한 대로 쓸 수 있다, 아쉬운 대로 도움이 된다. 2. 시간에 늦지 않게 대다. 3. 충분하다. 부족하지 않다 | むきになる 정색을 하고 대들다(화내다)

128

실제로는 이렇게 말한다!

ってば

자기의 심정을 이해해 주지 않는 안타까움을 담아 상대에게 호소하거나 계속해서 재촉하는 뜻을 나타냄.

- 早く行こうってば。 빨리 가자니까.
- 本当、痛いってば。 정말 아프다니까.
- 静かにしろってば。 조용히 하라니까.
- お母さんってば、何回言ったらわかるの？ 엄마도 참! 몇 번 말해야 알겠어?
- 早くしなさい。早くしなさいってば。 서둘러! 서두르라니까!

드라마 실용 어휘&표현

間に合う

1. 급한 대로 쓸 수 있다, 아쉬운 대로 도움이 되다
   - 5万円あれば間に合うよ。 5만 엔만 있으면 급한 대로 쓸 수 있다
   - 仕事に間に合う人がほしい。 아쉬운 대로 일에 쓸 수 있는(도움이 되는) 사람이 필요하다.

2. 시간에 늦지 않게 대다
   - 今朝、遅刻せずに、間に合ったの？
     오늘 아침 지각 안 하고 제대로 갔니?(제시간에 도착했니?)

3. 충분하다, 부족하지 않다
   - 米は今月、これくらいで間に合うんじゃないの? 쌀은 이번 달, 이 정도로 충분하지 않니?

48 美女か野獣
(び じょ) (や じゅう)
미녀 혹은 야수 (2003년)

주연 마쓰시마 나나코(松嶋菜奈子) 후쿠야마 마사하루(福山雅治)

시놉시스 JBC TV의 이브닝 뉴스 프로그램의 관계자들은 뉴스 시청률 최하위라는 불명예를 회복하기 위해 외국에서 활동하고 있는 다카미야 마코토에게 어마어마한 조건들을 내세워 헤드헌팅한다. 마코토가 보도국으로 부임해 오는 같은 날, 마침 버라이어티방송의 프로듀서였다가 무성한 스캔들과 소문을 일으킨 나가세 히로미도 보도국으로 좌천되어 온다. 업무 스타일이나 사고방식 등 모든 면에서 정반대 스타일의 두 사람. 과연 이들의 행보는 어떻게 될 것인가?

TAKE SCENE

방송국 시청률을 올리기 위해 스카웃되어 온 마코토는 첫날부터 확실히 군기를 잡는다.

바로
이 장면
찾아서 보기

제1화 | 전반부

マコト：これから一週間（いっしゅうかん）、みなさんの仕事（しごと）ぶりを拝見（はいけん）させていただいて、その中（なか）から私（わたし）が必要（ひつよう）ないと判断（はんだん）した人間（にんげん）にはやめてもらいます。

마코토 : 이제부터 일주일 간, 여러분이 일하는 모습을 보고, 그 중에서 제가 필요 없다고 판단되는 사람은 그만둬야 합니다.

단어

一週間(いっしゅうかん) 1주일 간, 7일 간 | 仕事(しごと)ぶり 일하는 모양, 일하는 모습, 일하는 방식 | 必要(ひつよう) 필요 | 判断(はんだん) 판단. (좋고 나쁨, 옳고 그름, 참과 거짓 등을) 생각하여 정함 | 人間(にんげん) 인간 | やめる 그만두다

실제로는 이렇게 말한다!

させてもらう・させていただく

직역하면 '시켜 받겠습니다', 즉 '상대방이 나에게 시키는 것을 받아 그렇게 하겠다'란 뜻이다. 이 표현은 적극적으로 자신의 감정을 나타내는 '~하겠습니다'의 겸양 표현이다.

• 先に帰らせていただきます。먼저 돌아가겠습니다.(겸양표현)

  일반적인 표현 → 先に帰ります。

• ここに座らせてもらいましょう。여기에 앉읍시다.(겸양표현)

  일반적인 표현 → ここに座りましょう。

• やめさせてもらいました。사임했습니다.(겸양표현)

  일반적인 표현 → やめました。

실용 어휘&표현

やめてもらいます

직역하면 '(당신이) 그만두는 것을 (내가) 받겠습니다'이다. 우리나라 같으면 '해임하겠습니다' 또는 '그만두셔야겠습니다' 식으로 말할 텐데, 일본어에서는 이처럼 표현한다.
일본어가 우리말과 문법이 비슷한 면도 있지만, 표현 방식을 놓고 볼 때 매우 이질적인 것도 있으므로 주의해야 한다.
다음은 뜻은 같지만, 표현을 다르게 한 문장들이다.

• あの人が私を見ている。저 사람이 나를 보고 있다.

  → あの人に見られてる。저 사람에게 봄을 당하고 있다.(직역)

• 彼が時計を買ってくれた。그가 시계를 사 주었다.

  → 彼に時計を買ってもらった。그에게서 시계를 사 받았다.(직역)

49 末っ子長男姉三人
막내 장남 누나 셋 (2003년)

주연 후카쓰 에리(深津絵里) 오카다 쥰이치(岡田准一) 하라다 사토루세(原田知世) 고유키(小雪)
시놉시스 이치로는 어린 나이에 아버지가 일찍 돌아가시고 누나 셋과 막내 장남인 자신을 키운 어머니를 모시고 살면 안되겠냐고 하루코에게 부탁한다. 우연히 5살이나 나이를 속여 동갑인 척했던 하루코는 이치로가 나이는 상관없이 결혼하자는 말에 홀어머니를 모시기로 결정한다. 신혼여행에서 돌아와 보니 누나 셋이 제각각의 사정으로 집에 들어와 살게 되는데……. 그들이 살아가며 부닥치는 유쾌한 이야기들.

TAKE SCENE

누나들 때문에 불평이 많은 하루코가 맛사지 센터에 같이 누워 연하 남편에게 불만을 조심스레 이야기하며 언제 다들 돌아갈건지 물어보라고 한다.

一郎 : ごめんね、なんかいろいろ気つかわしちゃって。

春子 : 別に謝んなくてもいいけど。

一郎 : でも、大丈夫だと思うけどな。

ほっといても、そのうち出ていくんじゃないかな。

春子 : 本当に?

제2화 | 전반부

이치로 : 미안해. 왠지 여러 가지 신경 쓰게 해서.
하루코 : 특별히 사과하지 않아도 괜찮은데…….
이치로 : 하지만, 괜찮을 거라고 생각하는데, 내버려둬도 조만간 나가지 않을까?
하루코 : 정말?

단어 ごめん 미안 | 気(き)を使(つか)う 주의하다, 신경을 쓰다 | 謝(あやま)る 용서를 빌다, 사과하다, 사죄하다 | 別(べつ)に 별로, 따로, 특별히, 각별히 | ほっとく 내버려두다, 방치하다 | そのうち 일간, 머지않아, 조만간, 가까운 시일 안에, 불원간

せ → し

구어체에서는 せ가 し로 바뀌어 표현되는 경우가 있다. 즉 사역의 조동사 (さ)せる에 て나 た가 붙을 경우, (さ)せて는 (さ)して로 (さ)せた는 (さ)した로 발음되는 경우가 있다.

させる → させて → さして

させる → させた → さした

- 先に帰らせていただきます。먼저 돌아가겠습니다.

  → 先に帰らしていただきます。

- 明日、休ませていただけませんか。내일 쉬어도 되겠습니까?

  → 明日、休ましていただけませんか。

- ここに座らせてもらいましょ。여기에 좀 앉읍시다.

  → ここに座らしてもらいましょ。

- 辞めさせてもらいました。사직했습니다.

  → 辞めさしてもらいました。

- 一人で行かせてもよろしいでしょうか。혼자 보내도 되겠습니까?

  → 一人で行かしてもよろしいでしょうか。

- 部下に調べさせたんですか。부하에게 조사하게 한 겁니까?

  → 部下に調べさしたんですか。

단, 5단동사 중에서 ～す로 끝나는 동사를 가능형으로 바꾼 경우는 せ를 し로 바꿀 수 없다. 가능의 뜻을 나타낼 수 없기 때문인데, 예를 들면 다음의 것들이 이에 속한다.

- 出す 내다 → 出せる 낼 수 있다
- 直す 고치다 → 直せる 고칠 수 있다
- 話す 이야기하다 → 話せる 이야기할 수 있다
- 許す 허락하다, 용서하다 → 許せる 허락할 수 있다, 용서할 수 있다

50 女王の教室 <ruby>女<rt>じょ</rt></ruby><ruby>王<rt>おう</rt></ruby>の<ruby>教<rt>きょう</rt></ruby><ruby>室<rt>しつ</rt></ruby> 여왕의 교실 (2005년)

주연 아마미 유키(天海祐希) 시다 미라이(志田未来) 후쿠다 마유코(福田麻由子)
나가이 안주(永井杏) 가자와라 히카리(梶原ひかり) 가호(夏帆) 오미 도시노리(尾美としのり)
하다 미치코(羽田美智子)

시놉시스 아이들을 호되게 다루는 여선생 마야. 꼴찌를 해서 반의 잡일을 도맡게 된 가즈미. 선생님의 기행에 어찌 할 바를 모르는 6학년 3반 아이들. 마지막 학년의 아름다운 추억을 만들기 위해 선생님에게 대항할 계획을 세우는 아이들. 교사와 아이들 사이에 벌어지는 웃지 못할 1년 동안의 기록.

TAKE SCENE

아쿠쓰 선생님에게 휘둘리기 시작한 아이들은 점점 불만을 갖기 시작하고 에리카는 아끼던 다마고치(게임기)마저 압수당하자 이대로 있을 수 없다며 부모에게 이야기해 학교에 항의하게 하자고 친구들과 이야기한다. 그런데 가즈미는 꼴등을 해서 반의 잡일 담당 했던 일이 부모님에게 알려지지 않았으면 하는데……

바로
이 장면
찾아서 보기

제2화 | 전반부

<ruby>和実<rt>かずみ</rt></ruby> ：あのさ、エリカちゃん。

エリカ ：<ruby>何<rt>なに</rt></ruby>？

<ruby>和実<rt>かずみ</rt></ruby> ：<ruby>私<rt>わたし</rt></ruby>が<ruby>雑用係<rt>ざつようがかり</rt></ruby>やらされ<ruby>てた<rt>ていた</rt></ruby>ことは<ruby>言<rt>い</rt></ruby>わないでね。

エリカ ：<ruby>何言<rt>なにい</rt></ruby>って<ruby>ん<rt>る</rt></ruby>の？<ruby>和実<rt>かずみ</rt></ruby>ちゃんが<ruby>一番<rt>いちばん</rt></ruby>ひどい<ruby>目<rt>め</rt></ruby>に<ruby>遭<rt>あ</rt></ruby>った<ruby>ん<rt>の</rt></ruby>だよ。

가즈미 ： 저기 말이야, 에리카.
에리카 ： 뭐?
가즈미 ： 내가 잡일 담당을 당하고 있었던 것은 말하지 말아 줘.
에리카 ： 무슨 소리 하는 거야? 가즈미가 제일 심한 꼴을 당했잖아.

단어

~さ ~야, ~말이야 | 雑用係(ざつようがかり) 잡다한 용무 담당 | やらされる (하기 싫은 일을 억지로) 하다. やらす(하게 하다, 시키다) + れる(수동) | 一番(いちばん) 첫째, 맨 처음(먼저), 일, 제일, 으뜸, 최상 | ひどい 심하다, 지독하다, 혹독하다 | 遭(あ)う (어떤 일을) 만나다, 겪다, 당하다, 안 좋은 경험을 하다 | ~目(め)に遭(あ)う ~일을 당하다. ~꼴을 당하다.

さ

우리말로는 '~말이야, ~야'라는 뜻이다. 주로 친구 사이에 사용하는 반말체 종조사이다. 아랫사람에게 사용해도 되지만 윗사람에게 사용하거나 점잖은 대화에서는 사용하지 않는다.

- お前さ、昨日どこ行ってたんだよ。너 말이야, 어제 어디 갔었어.
- あのさ、これさ、明日やったら、だめ? 저기 말이지, 이거 말이야, 내일 하면 안 될까?
- 今から行くさ。이제부터 갈거야.

遭う

(어떤 일을) 만나다, 겪다, 당하다, 안 좋은 경험을 하다.

- 事故にあう。사고를 당하다.
- 詐欺にあう。사기를 당하다.
- 遭難にあう。조난을 당하다.

~目にあう

'~일을 당하다, ~꼴을 당하다'란 뜻. 즉 주로 안 좋은 상황에 사용되므로, 마이너스적인 이미지의 형용사와 함께 쓰인다.

- 怖い目にあう。무서운 일을 당하다.
- つらい目にあう。괴로운 일을 당하다.
- ひどい目にあう。심한 일을 당하다.
- 恥ずかしい目にあう。창피한 꼴을 당하다.
- こんな目にあうとは……。이런 꼴을 당하다니……。

お、ご

일본어에서 어떤 단어 앞에 붙는 お와 ご는 상대에 대한 존경어, 겸양어, 정중어 그리고 미화(美化)어의 기능을 한다. '미화어'란 말을 아름답게 만든다는 뜻이다. 즉 水(みず)라고 하면 '물'인데, 여기에 お를 붙여서 お水라고 하면 좀더 점잖고 공손하게 말하는 뉘앙스가 첨가되는 것이다. 우리말에는 없는 표현 형태이므로, 느낌으로 이해해야 한다.

お를 붙이는 경우

훈독(訓読)을 하는 한자어, 즉 고유어에는 お를 붙인다.
훈독(訓読)이란 한자를 뜻으로 새겨 읽는 방식을 말한다.
특히 お는 예로부터 여자들이 자주 쓰는 말로, 여자 또는 일상생활과 밀접한 관계가 있는 단어나 표현에 붙는다.

お水(물)	お湯(더운물)	お昼(낮, 점심〈식사〉)	お祝い(축하)
お帰り(귀가)	お金(돈)	お金持ち(부자)	お酒(술)
お知らせ(알림, 통지)	お疲れ(피곤함)	お手(손)	お手洗い(화장실)
お話(말씀)	お守り(부적)	お庭(정원)	お似合い(어울림)
お願い(부탁)	お休み(쉼, 휴일)	お見合い(맞선)	お見舞い(〈병〉문안)
お向かい(맞은편, 마주봄)	お久しぶり(오랜만임, 격조)	お米(쌀)	お餅(떡)
お皿(접시)	お箸(젓가락)	お花(꽃)	お鍋(냄비)
お手紙(편지)	お世話(돌봄, 소개)	お土産(선물)	お風呂(목욕, 목욕물〈탕〉)
お部屋(방)	お刺身(생선회)	お寿司(초밥)	お仕事(일, 업무)
お邪魔(폐, 장해)	お言葉(말씀)	お見事(훌륭함, 멋짐)	お芝居(연극)
お怪我(상처, 부상)	お世辞(발림말)	お御籤(점치는 제비)	お中元(백중, 백중 선물)
お手数(수고로움)	お荷物(짐, 하물)		

단, 음독(音読)하는 한자어라도 일상생활에서 매우 빈번하게 쓰이는 표현에는 お를 붙인다.

お宅(댁)	お客(손님)	お茶(〈마시는〉차)	お肉(고기)
お茶碗(찻종, 밥공기)	お弁当(도시락)	お電話(전화)	お化粧(화장)
お料理(요리)	お掃除(청소)	お食事(식사)	お約束(약속)
お元気(원기, 건강함)	お時間(시간)	お大事(중요함, 소중함)	
お勉強(공부)	お財布(지갑)	お正月(설〈날〉)	

ご를 붙이는 경우

음독(音読)을 하는 한자어에 붙인다. 음독(音読)이란 한자를 중국식 발음의 소리나는 대로 읽는 방식을 말한다.

ご挨拶(인사)	ご安心(안심)	ご安全(안전)	ご案内(안내)
ご意見(의견, 고견)	ご一緒(함께함)	ご一報(소식, 통보)	ご依頼(의뢰)
ご遠慮(사양)	ご家族(가족)	ご関係(관계)	ご感謝(감사)
ご許可(허가)	ご協力(협력)	ご気分(기분)	ご希望(희망)
ご近所(근처)	ご契約(계약)	ご結婚(결혼)	ご研究(연구)
ご謙遜(겸손)	ご好意(호의)	ご親切(친절)	ご心配(걱정, 심려)
ご自分(자신, 자기)	ご自慢(자랑)	ご自由(자유)	ご出身(출신)
ご冗談(농담)	ご常連(단골, 동아리)	ご接待(접대)	ご専門(전문)
ご多忙(다망, 매우 바쁨)	ご注意(주의)	ご丁寧(정중)	ご登場(등장)
ご無事(무사)	ご不満(불만)	ご報告(보고)	ご訪問(방문)
ご迷惑(폐, 성가심)	ご命令(명령)	ご立派(훌륭함)	ご両親(양친)
ご連絡(연락)	ご用意(준비)	ご予約(예약)	ご用件(용건)

* お 또는 ご가 붙지 않는 것

① 모든 외래어에는 붙지 않는다.

  · 예외 : おビール(맥주)

② 부정적이거나 마이너스적인 의미가 있는 단어에는 붙지 않는다.

悲しい(슬프다)	弱い(약하다)	間抜け(얼간이)
火事(화재)	泥棒(도둑)	* 예외 : お馬鹿(바보)

③ 색, 모양, 자연현상, 사회조직, 병(病)을 나타내는 명사에는 붙지 않는다.

赤(빨강)	青(파랑)	嵐(폭풍우)	雨(비)	雷(천둥)	台風(태풍)	地震(지진)
学校(학교)	大学(대학)	会社(회사)	病(병)	風邪(감기)	* 예외 : ご病気(병)	

* お나 ご가 없으면 단어의 의미가 없어지거나 변하는 단어

おでん(오뎅)	おにぎり(주먹밥)	お盆(백중맞이)
お腹(배〈신체〉)	おかげ(덕분)	おしぼり(물수건)
おやつ(오후 간식)	ご飯(밥)	ご馳走(맛있는 음식)

51 愛<ruby>あい</ruby>なんていらねぇよ、夏<ruby>なつ</ruby>

사랑 따윈 필요 없어, 여름 (2002년)

주연 와타베 아쓰로(渡部篤郎) 히로스에 료코(広末涼子)
시놉시스 도쿄 신주쿠에 위치한 밤의 거리 가부키초에서 호스트로 성공한 레이지. 돈과 일밖에 모르는 아버지를 잃고 거액의 재산을 물려받은 아코.
변호사를 통해 이혼한 어머니가 데리고 갔다는 오빠를 찾는데, 변호사가 데려온 사람은 바로 레이지. 두 사람의 진정한 관계는 무엇인가?

TAKE SCENE

레이지와는 호형호제하는 사이인 나루 또한 가부키초에서는 둘째 가라면 서러워할 정도의 실력자 호스트. 그런 그도 돈을 잘 받아내기로 유명한 레이지에게, 지금까지 돈을 받아내지 못한 여자가 있는지를 묻는다. 그러자 의외의 대답이 되돌아온다.

바로
이 장면
찾아서 보기

제1화 | 전반부

奈留<ruby>なる</ruby> ：レイジさんは、金<ruby>かね</ruby>取<ruby>と</ruby>れなかった女<ruby>おんな</ruby>とかって、

いなかったでしょ。

レイジ：いたよ。

奈留<ruby>なる</ruby> ：だれ? 俺<ruby>おれ</ruby>にちょっと言<ruby>い</ruby>ってみな。

レイジ：内緒<ruby>ないしょ</ruby>、内緒<ruby>ないしょ</ruby>。

나루　：레이지는 돈을 받지 못한 여자 없었지?
레이지：있었어.
나루　：누구? 나한테 좀 말해봐.
레이지：비밀이야, 비밀.

俺(おれ) (주로 남자가 같은 또래나 아랫사람에게 쓰는 1인칭) 나. 약간 거친 말투이나 상대에 대한 친밀감이 나타나기도 함. | 内緒(ないしょ) 은밀, 비밀. * '비밀'이라는 뜻으로 秘密(ひみつ)라는 말도 있는데, 内緒는 특정한 사람에게만 비밀로 하는 것으로, 비밀루 할 대상을 지정해 주며 그다지 큰 비밀이 아닐 때 사용하고, 秘密는 모든 사람에게 비밀로 하는 큰 비밀일 때 사용한다.

실제로는 이렇게 말한다!

なさいと な

なさい와 な는 동사 ます형에 붙어 '~하거라, ~해라, ~해' 등의 뜻을 갖는다. 이 때 なさい는 부모님이나 선생님이 아이에게 부드럽게 명령하거나 권유할 때 쓰고, な는 친한 친구 사이에 사용한다.

- 行きなさい。가거라.
- 行きな。가라.
- 食べなさい。먹거라.
- 食べな。먹어라.
- 帰りなさい。돌아가거라.
- 帰りな。돌아가라.
- 起きなさい。일어나거라.
- 起きな。일어나.
- しなさい。하거라.
- しな。해.
- やってみなさい。해 보거라.
- やってみな。해 봐.
- 読んでみなさい。읽어 보거라.
- 読んでみな。읽어 봐.
- 言ってみなさい。말해 보거라.
- 言ってみな。말해 봐.

な가 들어가면 금지 표현을 많이 떠올리는데, 위의 예에서처럼 동사의 ます형에 붙으면 청유 표현이 된다. 금지 표현은 다음의 예처럼 동사 원형에 붙는다.

- する(하다) → するな(하지 마)
- 行く(가다) → 行くな(가지 마)
- 食べる(먹다) → 食べるな(먹지 마)
- 帰る(돌아가다) → 帰るな(돌아가지 마)
- 起きる(일어나다) → 起きるな(일어나지 마)

52 電車男 전차남 (2005년)

주연 이토 미사키(伊東美咲) 이토 아쓰시(伊藤淳史) 시라이시 미호(白石美帆)

시놉시스 22년 동안 애인 하나 없이 지내온 애니메이션 매니아 청년 쓰요시. 우연히 전차 안에서 한 눈에 반한 사오리가 술취한 사람에게 괴롭힘당하는 것을 보고 돕게 되는데, 훗날 감사의 표시로 에르메스 브랜드의 컵셋트를 보내온다. 이 일을 계기로 사오리를 좋아하게 되어버린 쓰요시는 인터넷 채팅방에서 여러 가지 조언과 응원을 얻는데, 그를 통해 많은 사람들이 서로의 걱정거리 고민거리 등을 하나씩 털어놓으며 하나가 되어 간다. 볼품없는 남자 쓰요시와 아름다운 여인 사오리. 어울리지 않는 이 두사람이 하나가 되어 가는 이야기.

TAKE SCENE

쓰요시의 마음을 빼앗아가버린 사오리로부터, 전차 사건에 대한 감사의 표시로 에르메스 컵세트가 배달된다. 정신을 잃을 정도로 흥분한 쓰요시는 이 사태에 대해 어떻게 대처해야 할지를 채팅 동지들에게 물어보는데……(본문 회화의 내용은 인터넷 댓글임)

바로
이 장면
찾아서 보기

제1화 │ 후반부

女の人　：心から感謝してる証拠だよ。電話してあげて。

男の人１：電話しながら相談すれば? スタンバっておくよ。

男の人２：23時以降はカップルタイムだ。

여자 ： 마음으로부터(진심으로) 감사하고 있다는 증거야. 전화해 줘.
남자1 : 전화하면서 상담하는 게 어때? 대기하고 있을게.
남자2 : 11시 이후는 커플타임이야.

654 名前 Mr. 名無し さん 2005/07/07 23:03
電話かけながら相談すれば? スタンバっておくよ。

단어

心(こころ) 마음 | 感謝(かんしゃ) 감사 | 証拠(しょうこ) 증거 | 電話(でんわ) 전화 | 相談(そうだん) 상담 | スタンバる 준비가 끝나다, 대기하다 | 以降(いこう) 이후 | カップルタイム 커플 타임

실제로는 이렇게 말한다!

동사로 변한 외래어

자주 쓰이는 외래어 명사에 る를 붙여 동사처럼 사용하는 것을 말한다. 물론 속어적으로 쓰이며, 주의할 점은 외래어는 반드시 가타카나로 표기해야 한다는 것이다.

- サボる 불어 sabotage에서 파생된 말로, 일하지 않고 노는 상태나, 게을리 하다. 게으름을 피우다, 일을 방관하다, (학교 수업을) 빼먹거나 땡땡이 치는 것을 의미한다. 최근에는 ボサる라고 쓰이기도 한다.
- メモる 메모하다, 메모를 받아 적다(memo)
- ダブる 겹치다, 중복되다, 겹치다, 낙제하다, 유급하다(double)
- コピる 복사하다(copy)
- アピる 호소하다, 여론을 일으키다, 항의하다, 남의 흥미를 끌다, 인기를 얻다(appeal)
- トラブる 문제가 되다(trouble)
- パニクる 패닉이 되다(panic)
- ミスる 실수하다(miss)
- オケる 노래방에 가다(カラオケ)
- プリる 스티커사진을 찍다(プリントクラブ〈프린트클럽〉 → プリクラ → プリる
- リカバる 회복하다(recover)
- デモる 데모하다(demonstration)
- ネグる 무시하다(neglect)
- タクる 택시를 타다. タクシーに乗(の)る를 줄인 말.
- スタンバる 준비가 끝나다, 대기하다(standby)
- ゲトる 손에 넣다(get)
- バグる 상태가 좋지 않다(bug). 컴퓨터 프로그램에 버그가 생길 때 오작동한다는 의미에서 온 말.
- ナビる 길 안내하다(navigate)
- パロる 패러디하다(parody)
- ロスる 손해보다(lose)
- カフェる 차를 마시다(cafe)
- スタバる 커피전문점 스타벅스에 가다(starbucks)

53 ホットマン

핫맨 (2003년)

주연 소리마치 다카시(反町隆史) 야다 아키코(矢田亜希子) 고니시 마나미(小西真奈美)
구로타니 도모카(黒谷友香) 이치카와 유이(市川由衣)

시놉시스 결혼과 이혼을 반복하며 여러 사내로부터 아이를 낳은 유명 여배우 유리코는 장남 엔조와 네 형제를
남겨두고 세상을 뜬다. 젊은 시절 불량스런 생활로 전전하던 엔조는 어느날 기억에도 없는 딸 나나미를 맡게 되
면서 개과천선. 열심히 공부하여 미술교사가 된다. 아토피성 피부염을 앓는 나나미와 동생들이 한 집에서 살면
서 그려가는 따뜻한 가족 드라마.

TAKE SCENE

엔조의 여동생 히나타는 고등학생
으로, 사카구치라는 선배를 짝사랑
한다. 그를 도와주려는 친구가 사카
구치의 행방을 알려 주며 고백할 것
을 권한다.

바로
이 장면
찾아서 보기

제3화 | 전반부

友達 ：ひなた、坂口先輩来てるよ。

ひなた：うそ。

友達 ：こくるんだったら、今がチャンス。

친구 ： 히나타, 사카구치 선배 와 있어.
히나타 ： 거짓말.
친구 ： 고백할 거라면 지금이 기회야.

先輩(せんぱい) 선배. ↔ 後輩(こうはい) | 嘘(うそ) 거짓말 | 今(いま) 지금, 이제, 현재 | チャンス 기회

실제로는 이렇게 말한다!

동사로 변한 명사

명사에 る를 붙여 동사처럼 사용하는 예가 있다.

- 告白する(고백하다) → こくる(고백하다)
- 事故(사고) → 事故る(사고나다, 사고내다)
- けち(인색함, 또는 그런 사람, 구두쇠) → けちる(인색하다)
- どじ(얼빠진 짓, 실수, 얼간이) → どじる(얼빠진 짓을 하다, 실수하다.)
- 無視(무시) → 無視る 무시하다
- 詐欺(사기) → 詐欺る 사기 당하다
- 地元(동네, 고장, 자신이 사는 곳) → 地元で遊ぶ = じもる(동네에서 놀다)
- 拒否(거부) → きょひる 거부하다
- 勘違いをする → かんちする 착각을 하다
- びっくりした → びっくった 깜짝 놀랐다
- ごちそうになる → ごちる 대접받다. 상대가 음식을 사 주다
- 吉野家へ行く → 吉る 요시노야(일본의 유명한 소고기 덮밥집)에 가다
- 予備校 → 予備る 학원(특히 재수생이 다니는 종합반 학원)에 다니다
- (タバコを)一服する → プクる・ピコる 담배를 피우다

형용사가 된 명사

명사에 い를 붙여 형용사처럼 사용하는 경우가 있다.

- 謎(수수께끼) → なぞい 수수께끼다, 잘 모르겠다
- ちゃらちゃらした → ちゃらい 경박하게 건들거리다
- エロ → エロい 에로틱하다(erotic)
- グロテスク → グロい 괴상하다, 기괴하다, 징그럽다(grotesque)
- ナウ → ナウい 유행하고 있다, 요즘 풍이다(now)

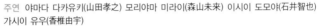

54 ウォーターボーイズ

워터보이즈 (2003년)

주연 야마다 다카유키(山田孝之) 모리야마 미라이(森山未来) 이시이 도모야(石井智也)
가시이 유우(香椎由宇)

시놉시스 간쿠로는 아무런 장점도 없는 평범한 고등학생이다. 그런 그가 1학년 때 학교 축제에서 본 남자 싱크로나이즈드스위밍에 충격을 받고 수영부에 들어간다. 그러나 2학년 때의 활동은 실패의 연속. 3학년이 된 지금도 오로지 수중 발레만을 목표로 하는데, 제비뽑기에서 뽑혀 리더가 된 간쿠로와 싱크로부의 친구들 사이에 전개되는 청춘드라마.

TAKE SCENE

간쿠로의 다큐멘타리 싱크로를 텔레비전에서 보고 감동받아 이 학교에 전학온 다테마쓰. 전학온 날 바로 수영부에 들어와서는 리더인 간쿠로에게 너스레를 떤다.

바로
이 장면
찾아서 보기

제1화 | 전반부

立松 ：やあ、ほんとムサイよ、男子校。きついよ、もう。食ってこれ。俺のおごりだから、俺の。あと、これも読んで。やぁ、リーダーともなると肩も凝るよね、進藤ちゃん。

勘九朗：ちゃん付け、やめてくれよ。

다테마쓰 : 이야, 정말 지저분하다, 남자학교. 심하다, 정말. 먹어, 이거. 내가 쏘는거라구, 내가. 그리고 이것도 읽어. 이야, 리더가 되면 어깨도 뻐근하겠다, 신도짱.

간쿠로 : 짱 붙여서 부르지 말아 줘.

 단어

ムサイ 지저분하다 | 男子校(だんしこう) 남자학교. 男子高校(だんしこうこう)의 줄임말 | きつい 심하다, 고되다, 기질이 강하다, 엄하다 | 食(く)う 먹다. 食(た)べる보다 거친 말로서 남자가 많이 씀 | おごる 한 턱 내다 | 肩(かた) 어깨 | 凝(こ)る 뻐근하다, 결리다 | 付(づ)け 붙임. さん, くん, ちゃん 등을 붙여서 이름 따위를 부름

실제로는 이렇게 말한다!

형용사를 줄인 표현

비교적 글자 수가 많은 형용사의 중간 부분을 생략하여 짧게 말하는 경우가 있다.

- むさくるしい → むさい 지저분하다, 더럽다, 누추하다.
- 恥ずかしい → はずい 부끄럽다
- 難しい → むずい 어렵다
- うざったい → うざい 재수없다, 번거롭다
- 面倒くさい → めんどい 거추장스럽다
- 気持悪い → きもわる・きもい 기분 나쁘다
- 気色悪い → きしょい 혈색이 안 좋다
- きわどい → きわい 위태위태하다, 아슬아슬하다, 절박하다, 음란스러운 데가 있다
- うっとうしい → うっとい 울적하고 답답하다, 귀찮다, 번거롭다, 거추장스럽다
- おもしろい → おもろい 재미있다
- なつかしい → なつい 반갑다, 그립다, 옛생각 난다
- 危ない → あぶい 위험하다
- すがすがしい → すがい 상쾌하다

55 ビーチボーイズ スペシャル

비치보이스 스페셜 (1998년)

주연 소리마치 다카시(反町 隆史) 다케노우치 유타카 (竹野内豊) 히로스에 료코(広末涼子)

시놉시스 도시를 떠난 두 남자와 한 여자가 해변 호텔 다이아몬드 해드에서 펼치는 청춘 스케치로 유명한 1997년 작 비치보이즈에 뒤이은 1998년 드라마. 히로미와 가이토는 해안의 민박 다이아몬드 해드를 떠난 지 3개월이라는 설정으로 드라마가 시작된다. 가이토는 어떤 남쪽 섬에서 수족관의 돌고래 운송업을 하고 있다. 히로미도 역시 같은 남쪽 섬 리조트에서 바 매니저를 하고 있다. 곧이어 이들의 소식을 전해들은 민박 다이아몬드 해드의 주인인 하루코와 마코토가 남쪽 섬으로 찾아오며 이야기가 전개되는 청춘 드라마.

TAKE SCENE

호텔 사장의 딸인 이즈미와 함께 바 매니저인 히로미는 열심히 일하고 있는데 갑자기 사장이 찾아온다. 매니저에게 바를 맡기고 나서 얼굴도 안 비춘다는 딸의 투정 때문에 온 것이다. 그런데 호텔의 직원들은 사장이 왔다갔다 하며 기웃거리는 것을 싫어한다. 그런 분위기를 눈치챈 사장이 히로미에게 불만을 토한다.

바로
이 장면
찾아서 보기

스페셜 | 전반부

社長 ：ホテルの奴ら、社長の俺がウロウロすると嫌な顔すんだ。俺そんなに社長にみえねぇか。

広海 ：はい。

社長 ：やっぱりちょっと田舎っぽいっていうか、ダサイって感じかなぁ。

사장 ： 호텔 녀석들, 사장인 내가 어슬렁어슬렁거리면 싫은 얼굴을 해. 나, 그렇게 사장으로 안 보이냐?
히로미 ： 네.
사장 ： 역시, 좀 시골틱하달까, 촌스러운 분위긴가.

~ら[等] ~들, ~등(복수 접미어), ~쯤(대강의 장소를 나타냄) | うろうろ (목적도 없이 이리저리 헤매는 모양) 어정버정, 어슬렁어슬렁. (당황하여 갈피를 못 잡는 모양) 허둥지둥 | 嫌(いや)だ 싫어하다, 불쾌하다 | 顔(かお) 얼굴, 표정 | 田舎(いなか)っぽい 촌스럽다 | っていうか ~랄까, ~라고나 할까 | ダサイ 촌스럽다, 멋없다 | 感(かん)じ 느낌

실제로는 이렇게 말한다!

～っぽい

'～의 경향, 성질이 있다', '～스럽다', '～스름하다', '자주 ～한다' 등의 뜻으로 다음과 같이 접속한다.

- 동사의 ます형 + っぽい   ・형용사 어간 + っぽい   ・명사 + っぽい

- 忘れっぽい 자주 잊는 경향이 있다.
- 怒りっぽい 자주 화내는 경향이 있다.
- 惚れっぽい 자주 반해버리는 경향이 있다.
- 飽きっぽい 쉽게 질리는 경향이 있다.
- 謎っぽい 수수께끼스럽다.
- 丸っぽい 둥그스름하다.
- 赤っぽい 불그스름하다.
- 女っぽい 여성스럽다, 여자답다.
- 嘘っぽい 거짓말스럽다.
- 色っぽい 색스럽다, 야하다.
- エッチっぽい 야한 경향이 있다.

駄目っぽい(불가능할 것 같다), 無理っぽい(무리인 것 같다) 등의 말을 駄目ぽ・無理ぽ라고 줄여서 쓰는 경우도 있다.

드라마 실용 어휘&표현

～っていうか

'～랄까', '～라고나 할까'에 해당하는 표현인데, 문자로 표기될 때는 다음과 같은 다양한 형태로 나타나므로, 만화 등을 볼 때에 참고하면 도움이 된다.

てか, てっか, つうか, ってゆうか, つうか, つうかぁ

한편, 최근에는 화제를 꺼낼 때 아무런 의미 없이 먼저 서두에 말하는 경향이 있다.

56 29歳^{さい}のクリスマス

29살의 크리스마스(1994년)

주연 야마구치 도모코(山口智子) 마쓰시타 유키(松下由樹) 야나기바 도시로(柳葉敏郎) 나카무라 도오루(仲村トオル)

시놉시스 친구 사이인 노리코, 켄, 아야를 중심으로 전개되는 싱글들의 이야기. 29살인 주인공 노리코는 상사의 잘못을 뒤집어쓰고 원치 않는 부서로 발령을 받는가 하면 애인에게도 버림을 받는다. 켄도 좋아하는 여자가 있지만, 확신을 하지 못한다. 아야는 유부남이자 음악가인 한 남자를 사랑한다. 29살의 두 여자와 한 남자의 일과 사랑과 고민을 그린 드라마.

TAKE SCENE

어느 우울한 날, 아야와 켄이 실수로 관계를 갖는다. 아야는 이 사실을 노리코에게 상담하는데, 노리코는 켄에게 말해야 한다고 하고, 아야는 켄에게 부담을 주는 것이 싫다며 그러고 싶지 않다고 한다.

彩^{あや} : その人生^{じんせい}を私^{わたし}が奪^{うば}うわけにはいかない。

典子^{のりこ} : なにいい子^こぶったこと、言^いってんの。

綺麗事^{きれいごと}言^いってる場合^{ばあい}じゃないんだよ。

ああ、夜^{よる}、電話^{でんわ}するよ、賢^{けん}ちゃんに。

바로 이 장면 찾아서 보기

제10화 | 후반부

아야 : 그 인생을 내가 뺏을 수는 없어.

노리코 : 뭘 착한 척하고 그래! 허울좋은 소리 하고 있을 때가 아냐. 아아, 저녁에 전화할게, 켄에게.

단어

奪(うば)う 빼앗다, (마음·눈 등을) 사로잡다, 끌다 | ~わけにはいかない ~할 수는 없다 | ~ぶる ~인 체하다 | きれいごと 실속 없는 겉치레, 허울좋은 소리 | ~ている場合(ばあい)じゃない ~하고 있을 때가 아니다

148

실제로는 이렇게 말한다!

~ぶる

명사 또는 형용사나 형용동사의 어간에 붙어서 '~인 체하다'라는 뜻을 만든다. ぶる가 붙은 이후에는 5단동사와 똑같이 활용한다.

- 利口ぶる。영리한 체하다
- 先輩ぶる。선배인 척하다
- 上品ぶる。고상한 체하다
- 大人ぶる。어른인 척하다
- 可愛い子ぶる。귀여운 척하다. * ぶりっ子 귀여운 척하는 여자, 내숭떠는 여자
- いい子ぶる。착한 아이인 척하다
- もったいぶる。거드름 피우다, 젠체하다

~ている場合じゃない

'동사 + ている + 場合じゃない'의 형태로 '~하고 있을 때가 아니다'란 뜻을 나타낸다.

- そんな笑ってる場合じゃないでしょ？ 그렇게 웃고 있을 때가 아니잖아요?
- あんた、寝てる場合なの? 너, 자고 있을 때냐?
- 今は怒ってる場合じゃないと思います。지금은 화내고 있을 때가 아니라고 생각합니다.
- 遊んでる場合じゃなかった。놀고 있을 때가 아니었어.
- くずくずしてる場合じゃないでしょ? 꾸물거리고 있을 때가 아니잖아요?

57 サトラレ 사토라레 (2002년)

주연 오다기리죠(オダギリジョ) 쓰루타 마유 (鶴田真由) 간다 우노(神田うの)

시놉시스 사토라레란 생각하는 것이 주위 사람에게 그대로 전해져 버리는 특수한 능력의 소유자를 말한다. 그리고 이들은 천재적인 두뇌 · 능력의 소유자이기도 하다. 그래서 국가에서는 사토라레 대책 위원회를 만들어 그들을 보호한다. 만약 당신이 생각하는 모든 것들을 주변 사람들이 알아듣는다면 어떤 기분이 들까? 여기에 너무나도 마음 착한 겐이치의 이야기가 있다.

TAKE SCENE

병리 담당인 호시노는 실연을 당하고 노리코의 친구인 간호사 가나의 권유로 아오바 시립병원으로 근무처를 옮긴다. 비오는 밤, 단둘이서 자축을 하다 와인이 떨어지자 사러 나왔는데, 때마침 비가 온다. 그 때 어떤 남자가 우산을 양보해 준다. 호시노는 그 이름 모를 남자에게 묘하게 끌린다. 집에 돌아온 호시노는 가나에게 이 이야기를 하는데……

바로 이 장면 찾아서 보기

제1화 | 전반부

加奈：法子先生ったら、ワイン買ってくるって出てったのに全然帰ってこないんですもん。せっかく歓迎会してあげようと思って来たのに。そっちはそんなすてきな人と出会ってたのか。

星野：出会いっていうか、酔っぱらっててて顔もよく見なかったの。

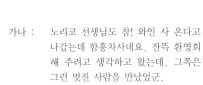

가나 : 노리코 선생님도 참! 와인 사 온다고 나갔는데 함흥차사네요. 잔뜩 환영회 해 주려고 생각하고 왔는데. 그쪽은 그런 멋진 사람을 만났었군.

호시노 : 만났다고 할 수 있나? 술에 취해 얼굴도 잘 못 봤는걸.

ワイン 와인 | 全然(ぜんぜん) 전혀 | せっかく 모처럼 | 歓迎会(かんげいかい) 환영회 | そっち 그쪽 | すてき 멋짐 | 出会(であ)う 만나다 | 酔(よ)っぱらう 술에 취하다, 곤드레만드레 취하다, 만취하다, 멀미하다

～ったら

'と + いう + たら', 즉 '～といったら'가 변한 말로, 가벼운 놀라움이나 비난 또는 친밀감을 가지고 남을 화제에 올릴 때 쓴다. '~도 참, ~(은) 말야' 정도의 뜻으로 해석된다.

- うちの子ったら, すごく本を読んでるのよ。 우리 애는 말야, 독서를 굉장히 많이 하고 있단다.

- あの人ったらあわて者ね。 그 사람도 참 덜렁이야.

- パパったら今夜も遅いわね。 아빠도 참, 오늘 밤에도 늦으시는구나.

- 痛いったら。 아프다니까!

- だめよ。だめよ。だめよったらだめ。 안돼! 안돼! 안 된다면 안돼!

- 早く寝なさいったら。 빨리 자라니까!

- おい、やめろったら。 야! 그만두라니까!

出てった

出てったは '出る(나가다) + て + いく(가다) + た'로 구성된 '出ていった'에서 い가 생략된 형태이다. 〈4. 당신이 추억이 되기 전에(君が想い出になる前に)〉의 'い생략③' 참조.

58 To Heart - 恋（こい）して死（し）にたい
투 하트 - 사랑하며 죽고 싶어 - (1999년)

주연 도오모토 쓰요시(堂本剛) 후카다 교코(深田恭子) 사치에 하라(沙知絵原)

시놉시스 꽃가게에서 일을 하며 프로복서의 꿈을 키워가는 유지. 가게 주인 가오리를 짝사랑하지만, 정작 가오리는 동생으로만 생각한다. 지방에서 상경해 백화점에서 아르바이트를 하는 도코. 어느 날 길을 가다 유지와 부딪치면서, 유지를 알게 되고 급기야 좋아하게 되기까지 이른다. 묘한 삼각관계로 시작되는 이들의 사랑과 젊음의 열정이 그려지는 드라마.

TAKE SCENE

도코는 유지의 트레이너인 요시이의 집에서 김치찌개를 대접받는다. 좋아하는 유지와 함께 저녁을 먹는다는 것만으로 기분이 들뜬 도코. 함께 트레이너의 집을 나선 도코가 김치냄새가 나지 않느냐고 묻자, 분위기 깨는 대답이 돌아온다.

바로 이 장면 찾아서 보기

제3화 | 후반부

透子（とうこ）　：ね、ね、あたしキムチくさい？

ゆうじ：知（し）らねえよ。

　　　　お前（まえ）、はしゃぎ過（す）ぎなんだよ、さっきからさ。

도코 : 있잖아, 있잖아. 나 김치냄새 나?
유지 : 몰라. 너 너무 들떠 있어, 아까부터.

단어

キムチ臭（くさ）い 김치 냄새가 나다 | 臭（くさ）い 1. 구리다, 역한 냄새가 나다. 2. 의심스럽다, 수상쩍다 | 知（し）らない 모르다 | はしゃぐ 1. 들떠서(신이 나서) 떠들다, 신명나다 | ～過（す）ぎ 동사의 ます형이나 형용사 또는 형용동사의 어간에 붙어) 지나치게 ～하다

드라마에서 뽑은
실제로는 이렇게 말한다!

～臭い

1. 구리다, 역한 냄새가 나다.
   - どこかで臭い匂いがする。어디선지 구린내가 난다.

2. 의심스럽다. 수상쩍다.
   - どうもあいつがくさい。아무래도 저 녀석이 수상쩍다.

3. ～의 냄새가 나다(안 좋은 냄새에만 붙인다)
   - にんにく臭い。마늘 냄새가 난다.
   - こげ臭い。타는 냄새가 난다
   - 魚臭い。비린내가 난다
   - 汗臭い。땀냄새가 난다
   - タバコ臭い。담배냄새가 난다
   - 酒臭い。술냄새가 난다

4. ～같다. ～처럼 느껴지다. ～한 데가 있다.
   - ばばぁくさい。할망구처럼 느껴지다.
   - けちくさい。인색하다, 쪼잔하다, 째째하다.
   - おやじくさい。아저씨 같다.
   - 照れくさい。멋쩍다, 겸연쩍다. 쑥스럽다.

5. 정도가 심하다.
   - 面倒くさい。몹시 성가시다
   - ばかくさい。어처구니없다
   - 貧乏くさい。너무 빈티 난다

～過ぎる

(동사의 ます형이나 형용사 또는 형용동사의 어간에 붙어) 지나치게 ～하다

- 言い過ぎる。말이 지나치다
- 働きすぎて病気になる。과로로 병이 나다
- あまりにも教養が無さ過ぎる。너무나 교양이 없다.(ない와 よい에는 さ가 끼어든다)
- 贅沢過ぎるくらい金をかける。너무 사치할 정도로 돈을 들이다.

59 君はペット

きみ

너는 펫 (2003년)

주연 고유키(小雪) 마쓰모토 준(松本潤) 다나베 세이치(田邊誠一)

시놉시스 도쿄대학교를 졸업하고 하버드에서 유학한 스미레는 신문사에 근무한다. 그러던 어느 날 상사의 성희롱 사건의 피해자가 되면서 다른 부서로 이동 발령 받는다. 때마침 사귀던 남자에게서 차이는 일까지 발생한다. 모던 댄서인 모모는 아는 사람의 집을 전전하며 살다가 어느 날 우연히 알게 된 스미레에게 애완동물이라도 좋으니, 스미레의 집에서 기거하게 해 달라고 졸라, 묘한 동거가 시작된다. 이 두 사람의 사랑의 향방은……?

TAKE SCENE

남자 친구와 매우 안 좋게 헤어진 스미레는 잦은 두통과 불면증으로 시달리게 되자 의사를 찾아가 상담한다. 그러자 의사가 비장의 치료법이라며 이렇게 말한다.

医師 　：では、とっておきの治療法を。
　　　　　　　　　　　い し　　　　　　　　　　　　　ちりょうほう

　　　　　泣いてみてください。思いっきり。
　　　　　な　　　　　　　　　　　　おも

スミレ：いいえ。人前で泣くくらいなら死んだ方がマシ。
　　　　　　　　　ひとまえ　な　　　　　　　し　　　ほう

의사 　：그럼 비장의 치료법을! 울어봐 주세요. 실컷.
스미레 : 아뇨. 남 앞에서 울 정도라면 죽는 편이 낮아요.

바로
이 장면
찾아서 보기

제1화 | 전반부

단어

とっておき[取って置き] (긴요할 때 쓰기 위해) 소중히 간직해 둠. 또는 그 물건 | 治療法(ちりょうほう) 치료법 | おもいきり[思い切り] 마음껏, 실컷. 강조할 때는 思いっきり라고도 함 | 人前(ひとまえ) 남 앞 | 泣(な)く 울다 | ましだ 더 낫다, 더 좋다

まし

(형용동사적으로 쓰여) 더 나음, 더 좋음

- 少しはましな暮らしになる。 조금은 나은 살림살이가 되다.

- 死んだ方がマシだ。 죽는 편이 낫다

- こんなものでも、ないよりはマシだ。 이런 것이라도 없느니보다는 낫다

- 止めた方がマシだ。 그만두는 편이 더 낫다.

* 보통 より(~보다〈비교〉)・方(~쪽, ~편)와 함께 쓰인다.

강조의 ん

구어체에서는 강조의 표현으로 촉음(っ)이나 ん을 추가하거나 변형시켜 발음하는 경향이 있다.
다음은 촉음(っ)이나 ん이 추가되어 강조되는 예를 소개한다.

촉음(っ) 추가

- 思い切り → 思いっ切り 실컷, 마음껏

- やはり → やっぱり 역시(は가 ぱ로 바뀐 점에 주의)

- ばかり → ばっかり ~뿐, ~만

- よほど → よっぽど 상당히, 무척(ほ가 ぽ로 바뀐 점에 주의)

- とても → とっても 매우, 아주, 꽤

- すごい → すっごい 굉장하다

ん 추가

- そのまま → そのまんま 그대로

- 同じ → おんなじ 같음

- すごい → すんごい 굉장하다

- あまり → あんまり 별로, 그다지

- うまい → うんまい 맛있다

60 陰陽師
おん みょう じ
음양사 (2003년 개봉)

주연 노무라 만사이(野村万斉) 이토 히데아키(伊藤英明)

시놉시스 지금으로부터 약 천 년 전인 헤이안(平安)시대에 사람과 귀신이 함께 공존하며 살고 있었다. 귀신(鬼), 마물(魔物), 원령들은 인간의 두려움과 악한 마음을 이용해 자신의 모습을 드러내며 세상에 혼란을 가져오곤 하였다. 이러한 귀신, 원령들을 세상의 이치와 신비로운 주술로 다스리는 사람들이 있었으니 현세와 이계를 넘나들던 그들을 음양사라고 불렀다. 당대 최고의 실력을 가진 음양사 세이메이가 정직하고 순박한 무관 미나모토노 히로마사를 만나 우정을 쌓아가며 헤이안의 수도를 악령으로부터 구한다는 이야기.

TAKE SCENE

원령의 저주를 풀기 위해 음양사를 데려와 달라는 부탁을 받은 히로마사가 세이메이를 찾아간다. 그런데 히로마사가 찾아올 것을 이미 알고 있던 세이메이……

바로
이 장면
찾아서 보기

영화 | 전반부

せいめい：一杯いかがですか。
いっぱい

ひろまさ：私は酒を飲みに来たわけではない。
わたし さけ の き

おぬしに頼みがあってやってきたのだ。
たの

せいめい：承知しております。
しょうち

세이메이 : 한 잔 하시겠습니까(어떠세요?)
히로마사 : 나는 술을 마시러 온 게 아니네. 부탁할 것이 있어서 왔네.
세이메이 : 알고 있습니다.

단어

おぬし[御主] 너, 임자, 자네. 동배 이하의 상대를 지칭할 때 쓰는 예스러운 말씨. 현대어에서는 쓰지 않는다. | 居(お)る (사람이) 존재하다, 있다. いる에 비해 약간 방언투이며 예스러운 말로서 공손한 뜻을 지닌다. | わけ 1. 두리, 이치, 사리. 2. 까닭, 사정, 이유 | やってくる 1. (이리로) 오다, 다가오다, 찾아오다. 2. 일을 하면서 또는 생활해 오면서 현재에 이르다 | 承知(しょうち) (사정 등을) 알고 있음, 승낙함, 용서함

경어 표현

일반표현	겸양표현	존경표현
居_いる(있다)	居_おる(있다)	おいでになる(가시다, 오시다, 계시다)
行_いく(가다)	参_{まい}る(가다, 오다)	いらっしゃる(가시다, 오시다, 계시다)
来_くる(오다)	参_{まい}る(가다, 오다)	おいでになる(가시다, 오시다, 계시다)
する(하다)	致_{いた}す(하다)	なさる(하시다) 遊_{あそ}ばす(하시다)
言_いう(말하다)	申_{もう}す(말씀드리다)	おっしゃる(말씀하시다)
	申_{もう}し上_あげる(말씀 올리다)	
食_たべる(먹다)	いただく(먹다, 마시다)	召_めし上_あがる(드시다, 잡수다)
飲_のむ(마시다)	いただく(먹다, 마시다)	召_めし上_あがる(드시다, 잡수다)
知_しる(알다)	存_{ぞん}じる(알다)	ご存_{ぞん}じだ(아시다)
見_みる(보다)	拝見_{はいけん}する(보다)	ご覧_{らん}になる(보시다)
聞_きく(묻다)	伺_{うかが}う(여쭙다, 찾아뵙다)	お聞_きになる(물어보시다)
	承_{うけたまわ}る(삼가듣다)	
会_あう(만나다)	お目_めにかかる(뵙다)	お会_あいになる(만나시다)
訪_{たず}ねる(방문하다)	伺_{うかが}う(여쭙다, 찾아뵙다)	お訪_{たず}ねになる(방문하시다)

일반표현	겸양표현
ある(있다)	ござる
もらう(받다)	いただく・ちょうだいする
やる(주다)	あげる・さしあげる • 내가 남에게 주는 것을 나타냄

일반표현	존경표현
寝_ねる(자다)	お休_{やす}みになる(주무시다)
くれる(주다)	くださる • 남이 나에게 주는 것을 나타냄

わけ

1. 도리, 이치, 사리
   - わけのわからない人。사리를 잘 모르는 사람.

2. 까닭, 사정, 이유
   - どういうわけで遅刻したか。무슨 까닭으로 지각했느냐?
   - これにはわけがある。여기에는 사정이 있다.

3. 뜻, 의미
   - この言葉のわけがわからない。이 말의 뜻을 모르겠다.

4. ~것
   - だから結婚できないわけですよ。그러니까 결혼 못하는 겁니다.

5. 결과로서 그것이 당연하다는 뜻을 나타냄. ~할 만도 하다
   - なるほど彼が怒るわけだ。과연 그가 화낼 만도 하다.

6. (~わけにはいかない의 꼴로) ~할 수는 없다
   - 承知するわけにはいかない。승낙할 수는 없다.
   - 笑うわけにはいかない。웃을 수는 없다.

承知

1. (사정 등을) 알고 있음
   - 承知の上でやった事だ。알고서 한 일이다.
   - ご承知のとおり。아시는 바와 같이.

2. 들어줌, 승낙함
   - 頼みを承知しない。부탁을 들어주지 않다.

3. 용서함
   - 嘘をつくと承知しないぞ。거짓말하면 용서하지 않을 테다.

알아두면 힘!!!

가능형 + もんなら, ものなら + 동사 て형

'~할 수 있다면 ~'의 뜻.

- やれる(できる)もんならやってみろ。할 수 있으면 해 봐.
- 食べれるもんなら食べてみなさいよ。먹을 수 있으면 먹어 보세요.
- 買えるもんなら買ってあげたいけど。살 수 있다면 사 주고 싶은데.
- 来られるもんなら来てみろよ。올 수 있으면 와 봐라.
- 逃げられるもんなら逃げなさい。도망 갈 수 있으면 도망가세요.
- 言えるもんなら言ってみろよ。말할 수 있으면 말해 봐라.

드라마 속에서

おば ：和実がこんな思いきったことするなんてさ。
開けてみて。光さんから。

和実 ：お父さん？これお母さんの形見の…親不孝娘へ。

父 ：親不孝娘へ。こういうの、作れるもんなら作ってみろ。

和実 ：お父さん……。

이모 ： 가즈미가 이렇게 대담한 일을 하다니 말야. 열어봐, 아버지로부터.

가즈미 ： 아버지? 이거, 어머니의 유품… 불효자식에게.

아버지 ： 불효자식에게. 이런 거 만들 수 있으면 만들어봐라.

가즈미 ： 아버지…….

단어 思(おも)いきった 대담한, 과감한 | 形見(かたみ) 생전에 쓰던 물건, 유물, 유품, 기념물(품), 추억거리 | 親不孝(おやふこう) 불효, 불효함 | 親孝行(おやこうこう) 효도, 효도함

バージンロード 버진로드(1997년) 중에서 (제1화 전반부)

쥬얼리 디자이너가 되기 위해 아버지의 반대를 뿌리치고 과감히 미국으로 향했던 가즈미. 뉴욕에서 생활하던 가즈미는 사랑하는 사람이 생겼으니 곧 인사시키겠다고 일본으로 편지를 보낸다. 그 후 그가 유부남이란 것을 알고는 헤어지는데, 그런 그녀에게 아버지 위독이라는 연락이 오자 서둘러 귀국한다. 편지를 보낸 그녀로서는 혼자 가기가 뭐해 비행기 옆자리에 앉았던 가오루에게 우연히 일일 약혼자 아르바이트를 권하게 된다. 흔쾌히 승낙한 가오루. 집에 돌아와 보니 아버지는 위독한 게 아니었는데. 같이 저녁식사를 하다 가즈미가 입덧을 하자 아버지는 분노하고 사정상 더 머물게 된 가오루. 부모의 사랑, 연인의 사랑을 딸의 결혼을 통해 보여준 감동 드라마.

61 ラブレボリューション

러브레볼루션 (2001년)

주연 에스미 마키코(江角マキコ) 요네쿠라 료코(米倉涼子) 후지키 나오히토(藤木直人)

시놉시스 종합병원의 심장외과 전문의로 일하는 능력 있는 여의사 아사오카 교코. 나이는 벌써 32. 사랑은 서툴지만 항상 로맨틱한 사랑을 꿈꾼다. 방송국의 정치부 기자이자 기사거리를 위해서는 정보 제공자인 여자와 아무렇지 않게 호텔에 가는 스가. 어느 날 정치권의 한 사람이 위장 입원을 위해 교코가 근무하는 병원에 오고, 이상한 낌새를 눈치챈 기자 스가는 병원 잠입을 위해 교코에게 접근한다. 그리고 시작되는 사랑 이야기.

TAKE SCENE

남의 불행 이야기를 듣는 것을 싫어하지 않는다며 이야기해 보라고 스가가 말하자 마리코는 솔직하게 무슨 일이 그렇게 있었는지 말해 보라고 해야지 그렇게 말을 돌려서 하면 나쁜 성격으로 오해받기 십상이라고 말한다.

바로
이 장면
찾아서 보기

제10화 | 후반부

須賀 : そこまで見透かされるとさ、なんか格好つける甲斐もないね。

真理子 : でしょう。素直に言えばいいのよ。

須賀 : 全部吐き出してごらん。僕が聞いてあげる。楽になるよ。

스가 : 거기까지 꿰뚫어보면 말야. 웬지 폼잡는 보람이 없네.
마리코 : 그렇지? 솔직히 말하면 돼.
스가 : 전부 토해내 보렴. 내가 들어 줄게. 편해질거야.

단어

見透(みす)かす 1. 유리·발·격자 등을 통하여 저쪽을 보다. 2. (겉에 나타나지 않는 사물의 진상을) 꿰뚫어 보다, 간파하다, 알아채다 | 甲斐(かい) 보람, 효과 | 素直(すなお) 1. 순진함, 순박함, 솔직함, 질박함. 2. 순순함, 온순함, 고분고분함. 3. 곧음. 4. (기예 등에) 구김살이 없음, 자연스러움, 얌전함 | ご覧(らん) 1. 보심(見みる의 높임말) 2. 보시오, ~보아요, ~보렴

드 라 마 에 서 **뽑은**
실제로는 이렇게 말한다!

맞장구 표현

맞장구 표현이란, 상대가 하는 말에 대해 중간중간 수긍하거나 알아들었다는 의미로 '예, 그렇죠, 맞아요' 등을 말을 해 주는 것을 뜻한다. 회화체에서의 맞장구 표현에는 そう가 가장 많이 쓰이는데, 다음의 예처럼 생략되어 쓰이는 경우도 있다.

1. そうかもね(그럴지도 모르지) = かもね

   • A : 明日なら、大丈夫かなあ。 내일이라면 괜찮을까?

   • B : かもね。 그럴지도 모르지.

2. そうでしょう(그렇겠죠) → でしょう

   • A : 明日なら、大丈夫でしょう。 내일이라면 괜찮겠죠.

   • B : でしょうね。 그렇겠지요.

3. そうだろう(ね)(그렇겠지) → だろう(ね)

   • A : 明日なら、大丈夫だろう。 내일이라면 괜찮겠지.

   • B : だろうね。 그렇겠지.

ご覧

1. 보심(見る의 높임말)

   • ごらんになる 보시다

   • ごらんに入れる 보여 드리다

   • ごらんのとおり 보시는 바와 같이

2. 보시오, 보아요, 보렴(상냥한 명령어)

   • 来てごらん。 와 보렴.

   • 読んでごらん。 읽어 보렴.

   • しばらく静かによこになってごらん。 잠시 조용히 누워 있어 보렴.

주연 시노하라 료코(篠原涼子) 아카니시 진(赤西仁) 도모사카 리에(友坂理恵)

시놉시스 10년 전 동제상사 경영 전략부에 합격되었다는 전화를 받았을 때는 꿈만 같았던 나오코. 부푼 마음으로 출근하던 게 엊그제 같은데, 동기들은 다 결혼 퇴사하였고 나오코는 오늘도 11번째 봄을 맞이하며 출근한다. 나이 탓인지 성격 탓인지 주변의 후배들이 매일 고민을 상담하러 온다. 아직 운명의 상대를 만나지 못한 자신의 장래에 불안감과 초조함 속에서도 성의껏 후배들의 고민을 들어주고 같이 풀어 가던 어느 날 동료 후배가 나오코에게 アネゴ(누님)라고 부르기 시작한다.

TAKE SCENE

중요한 메모를 부장님 책상에 놓았다는 가나의 말을 아무도 믿어주지 않지만, 다치바나만이 그녀를 믿고 감싼다. 핑계를 대고 야근을 걸러 가나는 다치바나와 데이트를 하다가 여직원들에게 들킨다. 분쟁 끝에 오해가 풀리자 여직원들은 미안하다며, 그래도 인기 넘버원인 다치바나와 데이트를 하지 않았냐며 부러워하자 가나는 끝까지 감싸준 데 대한 답례를 한 것뿐이라고 한다. 밖에서 듣고 있던 다치바나가 인상을 쓰면서 한 마디 거든다.

立花: 俺はお礼なんかが目当てでお前を庇ったんじゃない。ただ事実を言っただけだ。お礼なんかするんじゃない。

カナ: じゃ、立花さんは本気であたしと付き合ってくれるんですか？ そんな気ないですよね。ほら、派遣なんて使い捨てだってみんな思ってるから。

바로
이 장면
찾아서 보기

제2화 | 전반부

다치바나 : 나는 답례 따위를 목적으로 너를 두둔한 게 하나. 단지 사실을 말했던 것 뿐이야. 답례 따윈 필요없어.

가나 : 그럼 다치바나 씨는 진심으로 저와 사귀어 주실건가요? 그럴 마음 없으시죠? 봐요, 파견사원 따윈 일회용이라고 모두 생각하고 있으니까.

단어

お礼(れい) 사례, 사례 인사, 사례 선물 | ただ 1. 오직, 그저, 오로지. 2. 겨우, 단지. 3. 단(但), 다만, 그러나 | 付(つ)き合(あ)う 1. 사귀다, 교제하다. 2. (의리나 교제상) 행동을 같이 하다 | そんな気(き) 그럴 생각, 그럴 마음 | 派遣(はけん) 파견 | 目当(めあ)て 노리는 것, 목적 | かばう[庇う] 감싸다, 두둔하다, 비호하다 | 使(つか)い捨(す)て 한 번 쓰고 버림. 또는 그렇게 하도록 만들어진 물건

실제로는 이렇게 말한다!

～んじゃない

직역하면 '～것이 아니다'로, 동사의 기본형에 붙어서 '～하는 거 아냐' 정도의 뜻으로 쓰인다.

- 触るんじゃない。만지는 거 아냐.
- 食べるんじゃない。먹는 거 아냐.
- 行くんじゃない。가는 거 아냐.

ただ

다음 예에서 보는 것처럼 미묘한 차이를 가진 몇 가지 뜻으로 쓰이므로 주의하자.

1. 오직, 그저, 오로지
   - ただ無事を祈る。오직 무사하기를 빌다.

2. 겨우, 단지
   - ただ一人、それに反対した。단지 한 사람이 거기에 반대하였다.

3. 단(但), 다만, 그러나
   - あの店はうまいものを食わせる。ただ、料金が高い。
   저 집의 음식은 맛이 좋다. 단, 값이 비싸다.

付き合う

기본적인 뜻은 '사귀다, 교제하다'인데, '동행하다, 함께 하다'의 뜻으로도 쓰이는 것에 주의하자.

1. 사귀다. 교제하다.
   - 長年付き合う。오랫동안 사귀다.
   - 付き合っている女性。사귀고 있는 여성.

2. 행동을 같이 하다
   - 食事に付き合う。식사를 같이 하다.
   - 一杯ぐらい付き合えよ。술 한 잔쯤 같이 하자.

63 ガラスの仮面(かめん)

유리가면 (1997년)

주연 아다치 유미(安達裕美) 다나베 세이치(田辺誠一) 노기와 요코(野際陽子)

시놉시스 홀어머니 밑에서 자란 평범한 아이, 가난한 형편에 연기지도를 받아본 적도 없는 마야(아다치 유미)는 한 번 본 드라마의 전 대사를 다 외워 그대로 따라할 수 있는 소질이 있다. 항상 드라마에 푹 빠져 있는 마야는 우연한 기회에 옛날 여배우 쓰키카게 선생님에게 연기수업을 받겠다고 무조건 집을 나온다. 선생님 밑에서 조금씩 지도를 받아가면서 꿈을 키워가는 마야. 그리고 그녀의 무대가 끝날 때마다 그녀의 팬으로부터 도착하는 익명의 보라색 장미. 키다리 아저씨 같은 보라색 장미의 팬에게 점점 끌리는 마야……

TAKE SCENE

라면 집에서 일하는 어머니를 도와 바쁠 때는 라면을 배달하는 마야. 오늘도 배달을 나갔다가 늦게 돌아온 마야에게 엄마 스기코가 한 마디 거든다.

바로 이 장면 찾아서 보기

제1화 | 전반부

杉子(すぎこ)：また映画館(えいがかん)の前(まえ)で看板(かんばん)でもぼうっと眺(なが)めてたんじゃないの？

マヤ：ううん、映画館(えいがかん)じゃなくて、電気屋(でんきや)でドラマ……。

杉子(すぎこ)：…ったく、そんなことじゃないかと思(おも)ったわよ。

杉子(すぎこ)の父(ちち)：マヤちゃん、出前(でまえ)だよ。

스기코 : 또 영화관 앞에서 간판이라도 멍하니 쳐다보고 있었던 거 아냐?
마야 : 아냐. 영화관이 아니라 전파상에서 드라마……。
스기코 : 참나, 그랬을 거라고 생각했어.
스기코의 아버지 : 마야, 배달이야.

단어

映画館(えいがかん) 영화관 | 看板(かんばん) 간판 | ぼうっと 멍하니, 멍청히 | 眺(なが)める 지그시(물끄러미) 보다, 눈여겨 보다, 응시하다 | ドラマ 드라마 | まったく 전혀, 아주, 전적으로, 정말로, 참으로 | 出前(でまえ) 배달

まったく

1. (부정어와 함께 쓰이어) 전혀

   - お酒をまったく飲まない人。 술을 전혀 마시지 않는 사람.
   - これはまったく事実に反する。 이것은 전혀 사실과는 다르다.

2. 완전히, 아주, 전적으로

   - まったく無一文だ。 완전히 무일푼이다.
   - 辺りはまったく暗くなった。 주위는 완전히 어두워졌다.

3. 정말로, 참으로

   - まったく困ったことだ。 정말로 곤란한 일이다.
   - まったく夢のような気がする。 정말 꿈 같은 생각이 든다.
   - まったくそのとおりです。 정말로 그대로입니다(그렇습니다).

* 회화체에서는 ま를 생략하고 ったく만 써 주는 경우가 있는데, 이런 경우는 '나 원! 나 참! 참내' 정도의 뜻
  이 된다. 그 외에 회화체에서 앞 글자를 생략시켜 발음하는 말로는 다음과 같은 것들이 있다.

   - 本当に → んとに (정말로)
   - そんなわけない → んなわけない (그럴 리가 없다)
   - ふざけるな → ざけるな (까불지 마)
   - こんにちは → んちは (안녕하세요)
   - いらっしゃい → らっしゃい (어서 오세요)
   - いやだ → やだ (싫다, 별꼴이야)

64 リモート 리모트 (2002년)

주연 후카다 교코(深田恭子) 도모토 고이치(堂本光一) 고니시키(KONISHIKI) 나구라 준(名倉潤)
시놉시스 A급 미결사건 수사 특별실의 책임자인 천재 히무로는 사랑하는 사람이 자기 때문에 죽은 탓에 1년 이상 지하실에서 나오지 않고, 휴대폰으로만 사건현장의 상황을 파악한 후 사건을 해결한다. 마음을 닫아버린 히무로의 부하직원들은 견디지 못하고 다들 그만둬버린다. 인재들이 아깝다고 생각한 오타구로는 제일 능력 없고 그만둬도 상관없는 구루미를 파견시키는데 의외로 찰떡궁합인 이들이 펼쳐나가는 미해결사건들.

TAKE SCENE

주차딱지를 떼는 여경 구루미는 결혼퇴사를 앞두고 갑자기 A급 미결사건 수사 특별실로 발령이 난다.

바로
이 장면
찾아서 보기

제1화 | 전반부

淳子 ：Ａ級未決事件捜査特別室。舌噛みそうだね.

くるみ：ね、聞いたことないでしょ?

淳子 ：でも刑事やるんでしょ?

それっていきなり出世ってヤツじゃないの?

준코 ： A급 미결사건 수사 특별실. 혀 깨물 것 같다.
구루미 ： 그치? 들어본 적 없지?
준코 ： 하지만 형사 하는 거잖아. 그건 벼락출세라는 거 아냐?

단어

未決(みけつ) 미결 | 事件(じけん) 사건 | 捜査(そうさ) 수사 | 舌(した) 혀 | 噛(か)む 물다, 깨물다, 악물다, 씹다 | 刑事(けいじ) 형사 | いきなり 돌연, 갑자기, 느닷없이 | 出世(しゅっせ) 출세

やつは 사람을 가리킬 때는 '녀석'이라는 뜻으로 쓰이고, 사물이나 다른 것을 가르킬 때는 こと・もの의 회화체라고 생각하면 된다.

- それで、奴はなんと言ってるの? 그래서 녀석은 뭐라고 하고 있어?
- 奴が言ったことをそのまま言ってみろ。 녀석이 한 말을 그대로 해 봐라.
- これがコンピューターってヤツですか? 이것이 컴퓨터라고 하는 겁니까?
- あ、これ。昔、私がプレゼントしたやつだ。 어, 이거. 옛날에 내가 선물한 거다.
- まぁ、サボリってヤツもたまにはおもしろいね。
  뭐, 땡땡이라고 하는 것도 때로는 재미있다.
- これがもし嘘ってヤツだったらどうするんだよ。
  이게 만약 거짓말이라고 하는 거면 어떻할래?

알아두면 힘!!!

り → し

り가 し로 바뀌어 발음되는 경우도 있다. 이 때는 속어적인 뉘앙스가 난다.

- やっぱり → やっぱし 역시
- ばっかり → ばっかし (수량이나 시간을 나타내는 말에 붙어) 가량, 정도, 쯤
- はっきり → はっきし (다른 것과 구별하여) 뚜렷이, 분명히, 똑똑히
- ばっちり → ばっちし 빈틈없이 멋지게, 확실하게, 충분히, 듬뿍, 용케
- あんまり → あんまし 그다지, 별로
- その代わり → その代わし 그 대신

- やっぱし、あいつが犯人だったんだ。역시, 그 녀석이 범인이었어.
- おかしばっかし食べてると虫歯になるよ。 과자만 먹으면 충치가 생긴다.
- 服もばっちしだし、化粧もばっちしだし、ようし。 복장도 오케이, 화장도 오케이, 좋았어.

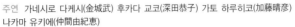

65 神様もう少しだけ
神(かみ)様(さま)もう少(すこ)しだけ
신이시여 조금만 더 (1998년)

주연 가네시로 다케시(金城武) 후카다 교코(深田恭子) 가토 하루히코(加藤晴彦) 나카마 유키에(仲間由紀恵)

시놉시스 유명한 음악 프로듀서로서 성공은 했지만 마음이 메말라 있는 이시가와 게이고(가네시로 다케시). 그리고 그의 콘서트를 보기 위해 원조교제를 했다가 에이즈에 감염된 소녀 가노 마사키(후카다 교코)는 함부로 막 살아온 자신의 인생을 되돌아보고는 남은 인생을 누구보다도 아름답게 살아가려고 노력한다.

TAKE SCENE

어젯밤 콘서트를 마치고 돌아가는 길에 빗속 육교 위에서 달리는 이시가와의 차를 향하여 플래카드를 보이던 마시키와 운명의 만남을 가진 다음날 아침, 함께 일하는 구보가 예전의 여느 여자애들처럼 그 아이도 꼬임에 넘어왔냐고 묻는다.

바로 이 장면 찾아서 보기

제2화 | 전반부

久(く)保(ぼ)：どうでした？ 夕(ゆう)べの子(こ)。

また例(れい)の文句(もんく)で口説(くど)いたんですか?

「うん千(ぜん)人(にん)の中(なか)から、俺(おれ)は君(きみ)を選(えら)んだんだ。」

かっこいいよな。あれ、たいてい落(お)ちるでしょう。

구보 : 어땠어요? 어제밤 그 아이. 또 그 문구로 꼬셨습니까? 수천 명 중에서 나는 너를 선택했어. 멋있다, 그거 거의 넘어가죠?

단어

夕(ゆう)べ 어젯밤 | 子(こ) 아이. 여기서는 여자아이 | 口説(くど)く 상대편을 자기의 뜻에 따르게 하려고 열심히 설명하거나 부탁하거나 호소하거나 하다 | うん~ 뒤에 '십, 백, 천, 만, 억' 등의 단위를 붙여서 '수 십, 수 백, 수 천, 수 만, 수 억' 등의 뜻을 나타냄. | 選(えら)ぶ 선택하다, 고르다 | かっこいい 멋있다 | 落(お)ちる 넘어가다, 함락당하다

例の
^{れい}

서로 인식하고 있는 과거의 어떤 물건이나 사항

- 例の件でお話がありますが……。그 건으로 선생님에게 할 이야기가 있습니다만…….
- 例の先生、どうなったの？그 선생님 어떻게 됐어？
- 例の映画見た？그 영화 봤어？
- 例の場所で集まりましょう。그 자리에서 만납시다.

文句

1. 문구, 어구
   - しゃれた文句 멋진(재치 있는) 문구
   - 歌の文句 노래의 가사
   - ころし文句 ㉠ 상대편을 협박하여 꼼짝 못하게 하는 문구. ㉡ 상대편의 마음을 사로잡는 말
   - 文句をねる 문구(글귀)를 다듬다

2. 불만이나 할말, 트집
   - 文句ばかり言う。불평만 늘어놓다
   - 文句があるか。할말이 있느냐? 불평이 있느냐?
   - なにも文句はない。아무것도 할말은 없다.
   - ぶつぶつ文句を言う。투덜투덜 불평을 하다.
   - 文句をつける。트집을 잡다.
   - パーティーの席順に文句をつける。파티의 자리 순서에 대해 트집을 잡다.
   - 文句なしのできばえ。트집잡을 데가 없는 만듦새.
   - 文句なしに賛成する。이의 없이 찬성하다.

66 オヤジぃ 아버지 (2002년)

주연 다무라 마사카즈(田村正和) 구로키 히토미(黒木眼) 미즈노 미키(水野美紀)
히로스에 료코(広末涼子)

시놉시스 주인공은 아버지 간자키. 사랑하는 아내 미야코와 큰딸 사유리, 작은딸 스즈, 그리고 막내아들 다다시. 이렇게 다섯 식구가 살아가는 집안. 조그마한 병원을 경영하는 아버지는 전형적인 가부장적 사고방식에, 특히 딸들의 문제라면 무엇이든지 알고 싶어한다. 적령기에 이른 딸들의 결혼 문제가 불거지면서 아버지의 활약(?)이 펼쳐진다. 아버지의 참모습을 느낄 수 있는 코믹 터치의 가정 드라마.

TAKE SCENE

아침준비를 하는 엄마 미야코가 차례로 식구들을 깨우러 다니는데, 막내인 아들 다다시의 잠버릇이 고약하다.

바로
이 장면
찾아서 보기

제2화 | 전반부

美矢子：あ〜、またそんなとこで寝てる。

　　　　ちゃんとおふとんで寝なさいって言ってるでしょ?

　　　　もう風邪ひいちゃう。

正：わかってるよ。うるせぇな、もう。

美矢子：もう、ほら、起きて。ほら、あなた、もう〜電気つ

　　　　けっぱなしで、もったいないじゃない。

미야코 : 아〜, 또 그런 곳에서 자고 있어.
　　　　제대로 이불에서 자라고 말했잖
　　　　아. 진짜, 감기 걸려버린다.
다다시 : 알았어. 시끄럽네, 정말!
미야코 : 아이참! 야! 일어나! 야, 너, 정
　　　　말! 전기 계속 켜 두고 아깝잖아.

단어

とこ 곳, 장소. ところ의 줄임말 | 寝(ね)る 잠자다 | ちゃんと 제대로, 정확히 | ふとん 이불. 덮는 이불(かけぶとん)과 까는 이불(しきぶとん)을 모두 뜻함 | 風邪(かぜ) 감기. 風邪をひく는 감기에 걸리다 | 分(わ)かる 알다, 이해하다 | 起(お)きる 일어나다 | ほら 상대의 주의를 끌기 위해서 하는 소리 | 電気(でんき)をつける 전기를 켜다

もったいない

1. 황송하다, 과분하다, 고맙다
   - もったいないお言葉。 과분한 말씀.
   - もったいない親の恩。 고마우신 부모님 은혜.

2. 아깝다
   - 待ってる時間がもったいない。 기다리고 있는 시간이 아깝다.
   - そんなに残すなんてもったいない。 그렇게 남기다니 아깝다.

3. 죄스럽다, 불경스럽다
   - 仏様をおろそかにするとはもったいない。 부처님을 소홀히 하다니 불경스럽다.

'아깝다'라는 뜻을 가진 형용사는 もったいない와 惜しい 두 가지가 있는데, もったいない는 사물이나 음식 등이 못쓰게 되거나 남겨서 버리게 될 경우에 쓰고, 惜しい는 잃거나 헛되게 되어 아깝다, 애석하다, 섭섭하다, 서운하다, 유감스럽다, 분하다라는 뜻으로 쓰인다.

～っぱなし

(동사의 ます형에 붙어) ~인 채로 놓아둠, ~한 채로임.

- 脱ぎっぱなしの服 벗어 놓은 채로의 옷
- 窓を開けっぱなしにして寝て、風邪をひいてしまった。
  창문을 열어 둔 채 자서, 감기에 걸려버렸다.
- 電気をつけっぱなしにする。 전기를 계속 켜 놓고 있다.
- 洗濯物が何日間も干しっぱなしだ。 세탁물이 며칠 동안이나 계속 널려 있다.
- オモチャを置きっぱなしにすると捨てるよ。 장난감 계속 내버려 두면 갖다 버린다.
- いつも迷惑かけっぱなしで本当にすいません。 항상 폐만 끼쳐서 정말 죄송합니다.
- いつもお世話になりっぱなしで申し訳ございません。 항상 신세만 저서 죄송합니다.

＊電気をつけっぱにするな처럼 っぱなし를 っぱ로 줄여서 쓰는 경우도 있다.

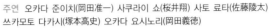

67 木更津キャッツアイ

きさらづ

기사라즈 캐츠아이 (2002년)

주연 오카다 준이치(岡田准一) 사쿠라이 쇼(桜井翔) 사토 료타(佐藤陵太)
쓰카모토 다카시(塚本高史) 오카다 요시노리(岡田義徳)

시놉시스 붓상은 어느 날 말기 암으로 길어야 6개월이라는 선고를 받게 된다. 시한부 인생이라는 것을 알게 되자 남은 기간 후회없는 인생을 자기 마음대로 살아보고 싶다고 생각한 붓상은 괴도단 〈캐츠아이〉를 결성한다. 낮에는 야구와 밴드 활동을 하고, 밤에는 수수께끼의 괴도당이 되는 〈캐츠아이〉의 맴버들. 2002년 드라마 최고 시청률, 2003년 영화화하여 120만이라는 관객을 동원한 흥행작.

TAKE SCENE

친구들과 축배를 들고 있던 붓상은 갑자기 자신의 암에 대해 이야기하고 6개월밖에 살 수 없다고 이야기하자 분위기가 썰렁해진다.

바로
이 장면
찾아서 보기

제2화 | 전반부

ぶっさん　：ああ〜 もう！ 言うんじゃなかった。

アニ　　　：あっ？

ぶっさん　：もうっ、言ったら絶てぇひくと思ったんだもん。

アニ　　　：本当だよ、ひくよ。

　　　　　こうやってみんな楽しく飲んでんのにさ。

붓상 ： 아아, 정말 말하는 게 아니었어!
아니 ： 엉?
붓상 ： 정말, 말하면 절대로 분위기 썰렁해질 거라고 생각걸랑.
아니 ： 정말이야. 분위기 싸아 해지지. 이렇게 모두 즐겁게 마시고 있는데 말야.

絶対(ぜったい) 절대로 | ひく 1. 빠지다, 빼다, 써다. 2. (열기나 부기 등이) 내리다, 가라앉다. 3. 뜸해지다. 4. 뒤로 물러서다 | 思(おも)う 생각하다 | 本当(ほんとう)だ 정말이다, 진심이다 | 楽(たの)しい 즐겁다 | 飲(の)む 마시다, 삼키다

～ んじゃなかった

후회의 감정을 나타내는 뜻. '～하는 게 아니었어'

- 行くんじゃなかった。 가는 게 아니었어.

- 食べるんじゃなかった。 먹는 게 아니었어.

- あんたと付き合うんじゃなかった。 당신과 사귀는 게 아니었어.

- こんな映画見るんじゃなかった。 이런 영화 보는 게 아니었어.

ひく

1. 빠지다, 삐다, 써다
   - 水がひく 물이 빠지다
   - 潮がひく 조수가 써다(빠지다)
   - 出水がひく (하천 등의) 불은 물이 빠지다

2. (열·부기 등이) 내리다, 가라앉다
   - 熱がひく 열이 내리다

3. 뜸해지다
   - 客足がひく 손님의 발길이 뜸해지다, 손님이 줄다

4. 뒤로 물러나다, 물러서다
   - ひくにひかれぬ男の意地。 물러서려야 물러설 수 없는 사나이의 오기.
   - 敵が急にひいた。 적이 갑자기 후퇴했다.

* 심정적인 측면에서는 소극적이고 위축되는 뉘앙스를 갖는 어감이 있다.

알아두면 힘!!!

~に決(き)まっている

명사, 형용사, 형용동사, 동사 등에 붙어 '~하는 게 당연하다, 당연히 ~다' 등의 뜻으로 쓰인다.

- 無理(むり)に決まってる。 당연히 무리지.
- 嘘(うそ)に決まってる。 분명 거짓말이야.
- こんな店(みせ)、高(たか)いに決まってるよ。 이런 가게는 당연히 비싸지.
- あいつは失敗(しっぱい)するに決まってるよ。 저 녀석은 실패할 게 뻔해.
- 私が成功(せいこう)するに決まってるじゃん。 내가 성공할 게 뻔하지 않겠어?
- 行(い)くに決まってるでしょ。 당연히 가야지.
- 面白(おもしろ)いに決まってるでしょう。 당연히 재미있겠죠.
- いいに決まってる。 좋을 게 뻔해.
- 嬉(うれ)しいに決まってる。 당연히 기쁠 거야.
- 学生(がくせい)だから、勉強(べんきょう)するに決まってるじゃん。 학생이니 공부하는 게 당연하지.

 드라마 속에서

坊主(ぼうず)　：サク。おまえ、寛瀬(ひろせ)のこと好きなのかよ。

朔太郎(さくたろう)：なんでだよ。

坊主　：傘(かさ)に決まってんだろ、傘に。

朔太郎：俺(おれ)は、母(かあ)ちゃんが持(も)ってけって……。

보즈 : 사쿠! 너 히로세 좋아하냐.

사쿠 : 왜(뭐 때문에 그런 걸 묻지)?

보즈 : 당연히 우산이지, 우산!

사쿠 : 나는 엄마가 가지고 가라고 해서…….

> **단어** 好(す)きだ 좋아하다 | なんで 왜, 어째서 | 傘(かさ) 우산 | 俺(おれ) 나 | 持(も)っていく 가지고 가다

 世界の中心で愛を叫ぶ 세계의 중심에서 사랑을 외치다(2004년) 중에서

종합병원의 병리사인 사쿠타로. 온화한 성격에 일도 열심히 해서 주변으로부터 신뢰를 받고 있다. 그런 그에게 고등학교 시절의 은사로부터 학교가 없어지게 되었으니, 없어지기 전에 한 번 와서 보라는 내용의 엽서를 받으면서 이야기가 시작된다. 연인의 죽음 이후 17년 동안 잊지 못해 방황하며 살아가는 한 남자의 애절한 사랑 이야기.

알아두면 힘!!!

～やがる

어떤 행동을 비난하거나 경멸할 때 쓰는 표현으로 '～하고 자빠졌다, ～하고 난리다. ～하고 지랄이야' 등의 뜻이다.

- 何見やがるんだよ。뭘 보고 지랄이야.
- 誰が食べやがった、俺のケーキ。누가 처먹었어, 내 케이크?
- ばかにしやがって。바보 취급하고 난리야.
- 何しやがってるんだ。뭐 하고 자빠졌냐?
- 僕の飲み物を全部飲みやがって。내 음료수를 다 처마시고.

드라마 속에서

麗香 : 性格に問題あるんじゃないですか、やっぱり。

鍋島 : 誰に聞いたんだ、そんなこと？

麗香 : え？ いいじゃないですか、別に。

鍋島 : 要らねぇこと、言いやがって！

레이카 : 성격에 문제 있는 거 아녜요, 역시?

나베시마 : 누구한테 들은 거야, 그런 얘길?

레이카 : 예? 그게 무슨 상관이에요?

나베시마 : 쓸데없는 소리나 하고 앉았으니 원!

단어 性格(せいかく) 성격 | 問題(もんだい)ある 문제 있다 | やっぱり 역시 | 誰(だれ) 누구 | 聞(き)く 듣다, 묻다 | いい 좋다, 괜찮다 | 別(べつ)に 별로, 따로, 특별히 | 要(い)らない 필요없다

ダイヤモンドガール 다이아몬드 걸(2003년) 중에서(제1화 중반부)

외모지상주의의 신봉자인 레이카는 어느 날 애인으로부터 버림을 받는다. 충격을 받은 레이카는 그 남자가 근무하는 변호사 사무실로 찾아가지만, 정작 본인은 출장을 가고 없다. 결국 우연히 이 사무실에 취직하게 되고, 나베시마라는 변호사의 보조 업무를 맡게 된다. 그런데 이 나베시마라는 변호사를 거쳐간 보조원의 수가 수 십 명에 이른다는 소문을 듣고 아연실색하며, 그 진상을 나베시마에게 직접 물어본다. 당신 성격에 문제가 있는 게 아니냐며 다그친다.

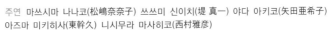

68 やまとなでしこ
내 사랑 사쿠라코〈야마토나데시코〉(2000년)

주연 마쓰시마 나나코(松嶋奈奈子) 쓰쓰미 신이치(堤 真一) 야다 아키코(矢田亜希子)
아즈마 미키히사(東幹久) 니시무라 마사히코(西村雅彦)

시놉시스 빼어난 미모에 교양 만점. 직장에서도 뛰어난 능력을 발휘하는 유능한 스튜어디스 진노 사쿠라코. 하지만 그녀에게 유일한 콤플렉스는 어릴 적 가난. 그래서 그녀가 가장 소중하게 여기는 것은 바로 돈! 한 번 실연을 당해 연애 공포증이 있는 청년 오스케, 학문의 꿈을 접고 아버지의 가업을 이어 생선가게를 한다. 이 두 사람이 어느 날 미팅 자리에서 운명적 만남을 갖게 되는데…….

TAKE SCENE

가난한 오스케는 자기를 부자로 착각하고 있는 사쿠라코에게 진실을 밝히려고 한다. 돈보다는 마음이 중요하다고 열심히 설명하는데, 사쿠라코의 생각은 좀처럼 바뀌려 하지 않는다.

바로
이 장면
찾아서 보기

제1화 | 후반부

桜子：お金より心が大事？ 欧介さんはお金持ちだからそんなことが言えるんです。子供のころから一度もつらい思いなんかしたことないんじゃないんですか？ 心なんて綺麗事言ってたら一生貧乏から抜け出せない。貧乏人を幸せにしてくれるのはお金、お金だけ。私貧乏なんて大っ嫌い。

사쿠라코 : 돈보다 마음이 중요해? 오스케 상은 부자니깐 그런 소리 할 수 있는 거예요. 어렸을 때부터 한 번도 괴로운 경험 따윈 해본 적 없죠? 마음 따위 허울좋은 소리 하고 있다가는 평생 가난에서 못 벗어나요. 가난한 사람을 행복하게 해주는 건 돈, 돈뿐이에요. 전 가난 같은 건 너무 싫어요.

 단어

大事(だいじ) 소중함, 중요함 | お金持(かねも)ち 부자 | 一度(いちど)も 한 번도 | 綺麗事(きれいごと) 실속없는 겉치레 | 一生(いっしょう) 평생 | 貧乏(びんぼう) 가난 | 抜(ぬ)け出(だ)す 빠져나가다, 벗어나다 | 幸(しあわ)せ 행복 | 大(だい)っ嫌(きら)い 아주 싫어함, 매우 싫어함

실제로는 이렇게 말한다!

형용사 + 思いをする

思いをする ~ 심정이 되다, ~ 경험을 하다

- いい思いをする。 좋은 경험을 하다.
- おいしい思いをする。 득이 되는, 편한, 조건좋은, 운좋은 경험을 하다.
- 怖い思いをする。 무서운 경험을 하다.
- 痛い思いをする。 아픈 경험을 하다.
- 寂しい思いをする。 쓸쓸한 경험을 하다.
- つらい思いをする。 괴로운 경험을 하다.
- 二度とそんな思いしたくないよ。 두 번 다시 그런 경험하고 싶지 않아.

人 → にん인가 じん인가

한자 人을 にん으로 읽어야 하는지 じん으로 읽어야 하는지 헷갈리는 경우가 많은데, 그 구별법은 간단하다. する를 붙여서 말이 되면 にん으로, 안 되면 じん으로 읽는 경향이 크다

- 管理をする 관리를 하다 (○) → 管理人 관리인
- 怪我をする 상처를 입다 (○) → 怪我人 상처를 입은 사람, 다친사람
- 貧乏をする 빈곤 하다 (○) → 貧乏人 빈곤한, 가난한 사람

* 病(びょう)人(にん)의 病(びょう)는 病(やまい)라고도 읽으며 病(やまい)をする라는 표현이 사용되기 때문에 病(びょう)人(にん)이 된다. 단, 이 법칙이 100% 통용되는 것은 아니다.

- 外国をする 외국을 하다 (×) → 外国人 외국인
- 韓国をする 한국을 하다 (×) → 韓国人 한국인
- 宇宙をする 우주를 하다 (×) → 宇宙人 우주인
- 芸能をする 예능을 하다 (×) → 芸能人 예능인, 연예인
- 成をする 성을 하다 (×) → 成人 성인
- 黒をする 흑을 하다 (×) → 黒人 흑인

알아두면 **힘!!!**

～っこない

동사 ます형에 붙어 '~할 리가 없다'라는 뜻을 나타냄.

- 子供に分かりっこない。어린애가 알 리가 없다.

  = 子供に分かるわけがない。

- 彼にはそれができっこない。그에게는 그것이 가능할 리 없다.

  = 彼にはそれができるわけがない。

- そんなに早く帰りっこないでしょ。그렇게 빨리 돌아올 리가 없잖아요.

  = そんなに早く帰るわけがないでしょ。

 드라마 속에서

豊子 ：先生、きれいだもんね。あんたもあの人目当てなんで
しょ。だったら、個人レッスンにしなきゃ。ふっ、だ
けど、ま、どうせ相手にされっこないんだから、グルー
プレッスンにしてよかったわよ。

도요코 : 선생님, 예쁘죠? 당신도 저 사람이 목적이죠? 그렇다면 개인레슨을 받아야죠. 훗! 하지만 뭐 어차피 상대해 줄 리가 없으니까 그룹레슨으로 하길 잘 했어요.

단어 きれいだ 예쁘다, 깨끗하다 | 目当(めあ)て 목표, 목적 | 個人(こじん)レッスン 개인레슨 | どうせ 어차피 | 相手(あいて) 상대 | 相手にする 상대하다

 Shall We Dance 쉘위댄스(1996년 영화) 중에서(전반부)

가정과 직장에서 모범적인 가장과 상사로서 평범한 일상을 살아가는 직장인 스기야마 쇼헤이. 어느 날 갑자기 일상의 공허함을 느끼고 심적으로 우울해 있을 때, 댄스 교습소 창문 밖을 내다보고 있는 댄스 교사 마이를 보고는 호기심을 느낀다. 급기야 댄스 교습소에 들러 등록을 하게 되는데……. 한 중년의 남자가 사교 댄스에 흥미를 가지면서 삶의 활력을 찾아간다는 내용의 영화. 사교댄스 붐을 일으키게 하기도 했던 유명한 영화이다.

알아두면 **힘!!!**

のうち → んち

'~의 집'이라는 뜻의 のうち는 んち로 축약되어 발음되는 경우가 있다.

- 僕(ぼく)のうち → 僕(ぼく)んち 나의 집
- 君(きみ)のうち → 君(きみ)んち 너의 집
- 彼氏(かれし)のうち → 彼氏(かれし)んち 그이의 집

- 俺(おれ)のうち → 俺(おれ)んち 나의 집
- 友(とも)だちのうち → 友(とも)だちんち 친구의 집

반복 강조

어떤 품사를 명사화하고, 그것을 두 번 반복해 말함으로써 어조를 강조하는 표현이 있다.

- もてる 속어: 이성에게 인기가 있다 → もてもて 엄청 인기가 있음
- 見(み)える 보이다 → みえみえ 훤히 다 보임
- ばれる 들통나다, 발각되다 → ばればれ 다 들통남
- もえ 뿅가다 → もえもえ 너무너무 좋음
- ラブ 사랑 → ラブラブ 너무 사랑함
- 熱(あつ)い 뜨겁다 → あつあつ 열렬함

 드라마 속에서

直季(なおき) ： これ、吸(す)い殻(がら)。人(ひと)ん家(ち)の前(まえ)に置(お)くな。

나오키 ： 이거, 담배꽁초. 남의 집
앞에 두지 마라.

단어 吸(す)い殻(がら) 담배꽁초 | 置(お)く 놓다, 두다

 眠(ねむ)れる森 잠자는 숲(1998년) 중에서

미나코는 15년 전 크리스마스 이브의 밤, 가족이 전원 참살당하는 잔혹한 살인사건에서 유일하게 살아남은 생존자다. 너무나도 큰 충격이었는지 어렸을 때의 기억을 모두 잃어버린 미나코. 우연히 짐을 정리하다 발견한 한 통의 편지는 그녀의 어린 시절의 사건을 파헤치게 하며 기억을 되살리는 계기가 된다. 하지만 그 기억 속에는 무시무시한 일들이 그녀를 기다리는데…….
나카야마 미호(中山美穂) 기무라 다쿠야 (木村拓哉) 나카무라 도오루(仲村トオル) 유스케 산타마리아 (ユースケ サンタマリア) 등 출연.

69 喰いタン 식탐정 (2006년)

주연 히가시야마 노리유키(東山紀之) 모리타 고(森田剛) 교노 고토미(京野ことみ)
이치카와 미카코(市川實日子) 스가 겐타(須賀健太) 사노 시로(佐野史郎)
시놉시스 다카노 세이야는 미식가이자 대식가다. 음식이라면 사족을 못 쓰는 그는 이야기하는 사람들의 입냄새
만으로도 무엇을 먹었는지, 음식 재료 리스트만으로 어떤 맛의 요리가 나오는지, 한 번 먹은 음식들을 다 기억
할 정도의 능력의 소유자다. 탐정 사무실 홈즈에이전시에 취직이 된 세이야는 동료 노다 료스케와 이즈미 교코
와 함께 경찰의 의뢰로 사건들을 해결해 간다. 음식 상식도 많이 제공되므로 유익한 드라마다.

TAKE SCENE

살인사건이 난 장소에 우사기 스시
집의 스시가 범죄현장의 증거물로
남았다. 세이야는 그 스시를 먹은
후 우사기 스시집에서 배달을 시켜
스시를 먹고, 가게로 다시 와서 또
먹어본다. 이유인즉, 배달용과 가게
용이 제각각 다르게 만들어지기 때
문이다. 함께 온 동료 교코에게 술
을 권하고 있다.

바로
이 장면
찾아서 보기

제1화 | 후반부

親方：ああ、うちではお客様がどういうおつもりで

　　　おっしゃってるのか、あの、わからない時はお聞

　　　きして、お出ししております。

京子：やっぱりそうですよね。

聖也：あ、京子ちゃん。

京子：はい。

聖也：食った、食った。

주인 :　아, 저희 가게에서는 손님이 어떤
　　　　생각으로 말씀하시는지, 그러니까
　　　　모를 때에는 여쭙고 내드리고 있습
　　　　니다.
교코 :　역시, 그렇군요.
세이야 : 아, 교코 짱.
교코 :　네.
세이야 : 먹어, 먹어.

 단어

うち 집, 우리집, 우리 가게 | どういう 어떠한, 어떤 | つもり 생각, 작정 | おっしゃる 말씀하시다
| お聞(き)きする 묻다, 여쭙다 | お出(だ)しする 내다, 내어드리다 | やっぱり 역시 | 食(く)う 먹
다. 食(た)べる보다 구어적 어감.

실제로는 이렇게 말한다!

お ＋ 동사의 ます형 ＋ する

겸손의 뜻을 나타냄. ~하다.

- 今日、時間ありませんか。お話したいことがあるんですが。
  오늘 시간 있으세요? 말씀 드리고 싶은 게 있습니다만.

- ここでお待ちしています。여기에서 기다리고 있겠습니다.

- 昨日、お伺いしたんですけど、いらっしゃらなかったんです。
  어제 찾아 뵈었는데요, 안 계셨어요.

아래와 같이 과거형을 두 번 반복함으로써, 명령을 강조하거나 절박한 상황에서 행동을 제촉하는 의미로 쓰이는 경향이 있다.

- 子供は行った行った。애들은 가라, 가.

- ほら、安いよ。買った買った。자 싸요. 사요, 사.

- 時間ないから、早く食った食った。시간 없으니까 빨리 먹어라, 먹어.

70 ごくせん 고쿠센 (2002년)

주연 나카마 유키에(仲間由紀恵) 마쓰모토 준(松本潤) 이토 미사키(伊東美嘯)
오구리 슈ㄴ(小栗 旬) 나리미야 히로키(成宮寛貴)

시놉시스 구미코는 꿈에 그리던 고등학교 교사가 되어 3학년 D반을 맡는다. 아름다운 사제간의 모습을 꿈꾸며 교사생활을 계획하던 그녀는 첫 출근부터 문제아들의 거친 말이나 난폭한 행동에 놀란다. 급기야 학생들은 구미코 선생이 언제 울면서 학교를 때려치울 것인지에 내기까지 거는데, 어렸을 때 사고로 부모를 잃고 야쿠자보스인 할아버지에게 맡겨져 야쿠자들 사이에서 커온 구미코에겐 불량한 고등학생 정도는 귀엽기만 한다.

TAKE SCENE

고등학교에 출근한 첫날, 3학년 D반 학생들은 만만해 보이는 여선생 구미코를 당황하게 만든다. 물론 그런 아이들의 장난에 기죽을 구미코는 아니지만, 아이들은 나름대로 겁먹었을 것이라고 생각하며, 방과후에 모여 시시덕거린다.

바로
이 장면
찾아서 보기

제1화 | 전반부

熊井 : あ、ありゃ、もう明日から学校来ねぇな。

内山 : ああ～ もう熊井見てびびりまくってたもんな。

南　 : あ、俺、来ないのに 100 円。

구마이 : 아, 그거 이제 내일부터 학교에 안 올거야.
우찌야마 : 아아, 벌써 구마이 보고 엄청 쫄았을걸.
미나미 : 아, 난 안 오는 데에 100엔 걸게.

 단어

明日(あした) 내일 | 学校(がっこう) 학교 | 見(み)る 보다 | びびる 기가 죽어 위축되다, 주눅들다, 야코죽다, 겁먹고 쫄다, 겁먹다, 무서워하다 | 来(く)る 오다 | 来(こ)ない 오지 않다

182

실제로는 이렇게 말한다!

～まくる

(동사 ます형에 붙어) 계속 ～해대다, 마구 ～하다

- 買いまくる 계속 사대다
- 飲みまくる 마구 마시다
- 逃げまくる 계속 도망쳐 다니다
- 追いまくる 계속 쫓다
- 書きまくる 마구 써 갈기다
- 歌いまくる (노래를) 계속 불러대다

な

문장의 중간이나 끝에 붙는 조사. 가벼운 영탄을 담아 상대방에게 다짐을 주면서 말을 이어가거나 맺는데 사용한다. 주로 스스럼없는 남성어. ～말이지.

- 実はな、嘘なんだよ。 사실은 말이지, 거짓말이야.
- そうだな、どれがいいだろう。 글쎄, 어느 게 좋을까.
- しかしな、それで決定したわけではないよ。
  하지만 말야 그것으로 결정된 것은 아니야.
- ほんとうに静かだな。 정말 조용하구나.

금지 또는 명령, 권고의 뜻도 있음. 명령의 뜻일 때는 동사 기본형에, 명령 또는 권고의 뜻일 때는 동사 ます형에 붙는다.

- そんなこと、するな。 그런 거 하지 마.(금지)
- はよう、入んな。 빨리 들어와라.(명령, 권고)

드라마
일본어